HEYNE
BÜCHER

LISA REINHARD

»ALL AROUND THE WORLD«

Die atemberaubende Karriere von

EAST 17

Wilhelm Heyne Verlag
München

Bildnachweis

action press
S. 37; 38; 40; 74 (All Action); 80; 85; (M. Melia); 89 (All Action); 100; 119 (All Action); 126; 143; Bildteil S. 5 (All Action); Bildteil S. 11 (All Action); Bildteil S. 25
bold bilderdienst
S. 43 (Zoom); 44 (Zoom); 52 (Göttlicher); 56 (Göttlicher); 65 (Göttlicher); 66 (Göttlicher); 69 (Zoom); 105 (Zoom); 106 (Göttlicher); 109 (Göttlicher); 114 (Göttlicher); 133 (Zoom); Bildteil S. 8 (Zoom); Bildteil S. 20 oben (Zoom); Bildteil S. 21 unten (Zoom)
LFI
S. 96 (M. Prior)
Fotex
S. 29 (Koenig); 112 (Th. Podlecki); Bildteil S. 18 (Th. Podlecki); Bildteil S. 19 (Th. Podlecki); Bildteil S. 20 unten (Koenig); Bildteil S. 22 (Th. Podlecki); Bildteil S. 23 (S. Malzkorn)
inter-Topics
S. 94 (All Action); 99 (All Action); 116; 137; 160 (All Action)
orop
S. 131 (G. Roussel); Bildteil S. 1 (G. Roussel)
pandis media
S. 11; 15; 16; 21; 25; 26; (R.C.S. Rizzoli); 79; 134; 146; 149; Bildteil S. 3 (R.C.S. Rizzoli); Bildteil S. 4; Bildteil S. 6; Bildteil S. 7; Bildteil S. 26; Bildteil S. 27; Bildteil S. 28; Bildteil S. 29; Bildteil S. 32 (R.C.S. Rizzoli)
Photo Selection
S. 8 (Retna/M. Cairns); 22; 32/33 (Retna/Valerie Phillips); 34/35 (Retna/Valerie Phillips); 48 (Retna/A. Green); 55 (LFI/I. Musto); 62 (LFI/Andy Phillips); 70 (Retna/R. Johnson); 83 (LFI); 86 (B. Kühmstedt); 92 (LFI/C. Mason); 120 (LFI/G. Swaine); 125 (Retna/M. Cairns); 138 (Retna/G. Moberly); 151 (Retna/M. Melia); Bildteil S. 2 (LFI); Bildteil S. 9 (Retna/R. Burmiston); Bildteil S. 13 (Retna/P. Rider); Bildteil S. 15 (LFI); Bildteil S. 24 (LFI/C. Mason)
S.e.t.
S. 19, Bildteil S. 17 (M. Beutel)
Ullstein Bilderdienst
Bildteil S. 21 oben (Photoline); Bildteil S. 30 (inter-Topics); Bildteil S. 31 (inter-Topics)

2. Auflage

Printed in Germany 1996
Umschlagillustrationen: action press/Reportagebild, Hamburg (Vorderseite), S.e.t./M. Beutel, München (Rückseite)
Umschlaggestaltung: Atelier Schütz, München
Satz und Innenlayout: Seibold Medien, Winnenden
Lithographie: Reproteam Siefert, Ulm
Druck und Verarbeitung: Ebner Ulm

ISBN: 3-453-09942-7

Inhalt

East 17 – vier Freunde stürmen die internationalen Hitparaden

Das Londoner Arbeiterviertel Walthamstow ist nicht gerade die Zierde der englischen Hauptstadt. Und doch hat es das unansehnliche Viertel, das einige Kilometer nordöstlich des Stadtzentrums liegt, zu weltweiter Berühmtheit gebracht. Vier junge Musiker aus Walthamstow haben sich 1992 aufgemacht, mit poppigen Dancefloorsongs die internationalen Hitparaden zu erobern – John Hendy, Tony Mortimer, Terry Coldwell und Brian Harvey alias East 17.

Inzwischen gehört East 17 zu den erfolgreichsten Bands der vergangenen Jahre. Sogar kritische Musikmagazine wie der englische NEW MUSICAL EXPRESS loben das Quartett als »wichtigste britische Popband der 90er Jahre«.

Was macht den Reiz dieser Band aus? Was hebt diese vier Musiker aus der Masse ihrer Konkurrenten hervor? Warum stehen sie vier Jahre nach ihrem Hit-Debüt mit der Single »House Of Love« auch 1996 noch wie selbstverständlich in den Charts rund um den Globus, werden für ihre ausverkauften Live-Shows von Tausenden von Fans vor Begeisterung fast von der Bühne gezogen?

»Unser Job ist es«, sagen die vier Jungs von East 17 auf solche Fragen gern, »die Leute mit unserer Musik glücklich zu machen und sie fröhlicher nach Hause gehen zu lassen, als sie gekommen sind.« Eine sympathische Antwort, die das Phänomen East 17 aber nicht allein erklärt. Dazu muß man die ganze Geschichte kennen ...

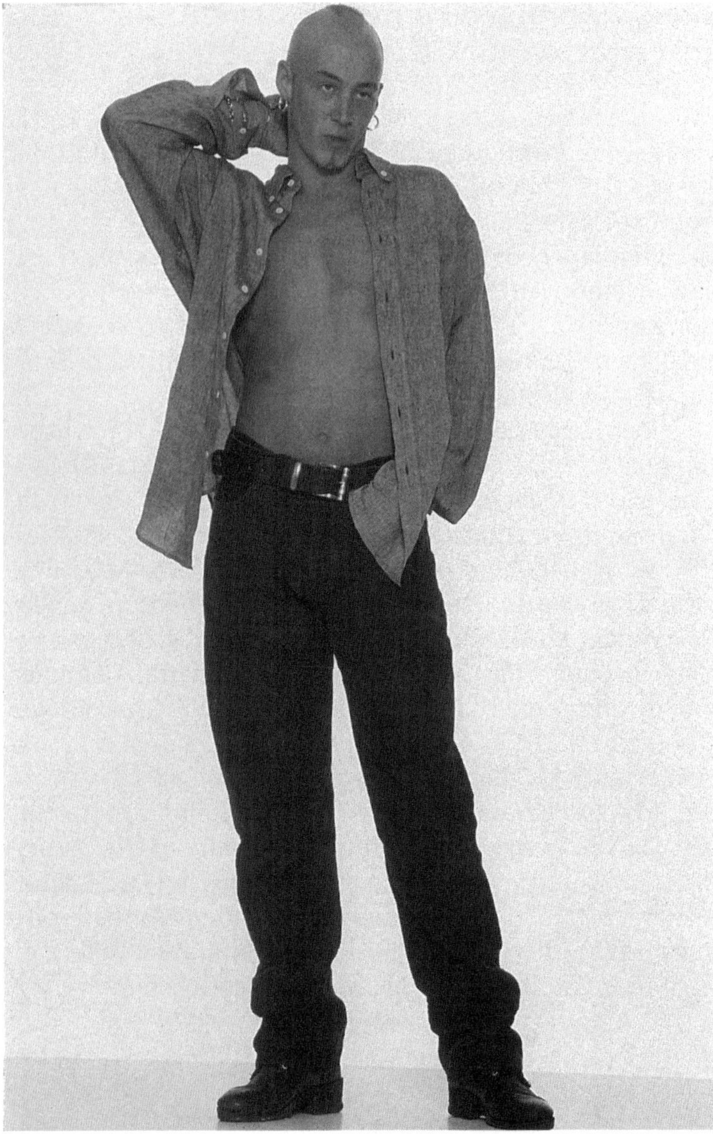

John Hendy gilt als der coolste der East-17-Jungs.

John Hendy – Mr. Cool

Von den vier East-17-Jungs hat er das coolste Image – doch viele Fans wissen inzwischen längst, daß das nur Fassade ist. Hinter dem lässigen Auftreten John Hendys verbirgt sich ein nachdenklicher Mittzwanziger, der sich trotz des Starrummels seine ursprüngliche Sensibilität bewahrt hat. »Unser schlauer John weiß ja anscheinend eine Menge über uns«, sagte Tony im Dezember 1995 im Gespräch mit der Zeitschrift BRAVO grinsend, »aber wir auch über ihn. Er ist Mr. Cool – die Ruhe selbst. Er ist ein richtiger Einsiedler, aber total lieb!»

Den empfindsamen, fast ein wenig scheuen Kern, den das manchmal etwas unterkühlt wirkende Auftreten schützen soll, hat John wohl seiner Kindheit zu verdanken, an die er keine allzu schönen Erinnerungen hat. Er wurde am 26. März 1971 in Barking geboren, einem Vorort von London. Kurze Zeit später zog die Familie in eine andere Gegend der Millionenmetropole um – nach Walthamstow. Hier, in einem der häßlichsten Arbeiterviertel Londons, wuchs John gemeinsam mit seiner ein Jahr älteren Schwester Karyn auf.

Schon als kleiner Junge hatte er von den ständigen Streitereien seiner Eltern die Nase voll. Sein Vater, der als Vertreter für eine Molkereifirma arbeitete, und die Mutter, die sich um den Haushalt der vierköpfigen Familie kümmerte, wußten vermutlich längst nicht mehr, warum sie überhaupt geheiratet hatten. Der kleine John fühlte sich deshalb bald auf den Straßen von Walthamstow wohler als in den eigenen vier Wänden. Wenn er zu Hause war, verkroch er sich meistens in seinem Zimmer und wollte vom Rest der Welt nichts mehr wissen.

Draußen aber balgte er sich mit Gleichaltrigen, spielte mit Begeisterung auf der Straße Basketball (das Etikett

»Street Ball« war ja noch nicht erfunden ...) und hing im blauen Dunst heimlich gepaffter Zigaretten den Träumen von einem besseren Leben nach. Allerdings sah es nicht danach aus, als könnte einer dieser Wunschträume Wirklichkeit werden: Mit den Noten, die er von der Chapel End School nach Hause brachte, konnte er nicht gerade angeben. Doch das schien John nicht übermäßig zu stören: Die Mädchen in seiner Schule standen auf ihn, und er lernte schon damals einen Jungen kennen, der in den kommenden Jahren einer seiner besten Freunde werden sollte: Anthony »Tony« Mortimer. »Tony und ich«, erinnerte sich John später einmal, »mochten uns gleich, obwohl er nur deshalb immer in meiner Clique auftauchte, weil bei mir die meisten Mädchen herumstanden ...«

Überhaupt war John in seiner Klasse einer der gefragten Typen. Alle nannten ihn damals nur »Mr. Cool«, und er dürfte heilfroh gewesen sein, daß ihn niemand als schüchtern entlarvte. Diese ungeliebte Eigenschaft hatte er übrigens auch viele Jahre später noch nicht überwunden. »Vielleicht«, meinte John 1993 zu einem Journalisten, »ist die Schüchternheit meine größte Schwäche. Manchmal wäre ich froh, wenn ich etwa bei Interviews lebhafter wäre. Auf der anderen Seite gefällt es mir, wenn die Leute mich für ein bißchen mysteriös halten.«

Zu cool fanden ihn wohl nur die Lehrer, denen Johns demonstrative Lässigkeit so sehr ein Dorn im Auge war, daß es immer wieder zu Spannungen kam. Und so begann auch das Ende seiner schulischen Laufbahn »stilgerecht«, wie John 1993 BRAVO verriet: »Mit 15 hatte ich die Nase endgültig voll, als mich unser Mathelehrer einmal schlug. Ich schlug zurück – der Skandal war perfekt. Danach bin ich kaum noch hingegangen.«

Der Hintergrund dieser unangenehmen Geschichte hatte mit der Schule selbst allerdings herzlich wenig zu

»Mir gefällt es«, sagt John, »wenn die Leute mich für ein bißchen mysteriös halten.«

tun. Johns Eltern hatten sich nach monatelangen Streitereien zur Trennung entschlossen. Trotz aller Probleme, die die anhaltende Ehekrise John bereitet hatten, machte ihm die folgende Scheidung noch mehr zu schaffen. »Für mich brach eine Welt zusammen«, erzählte er in einem Interview. »Ich konnte überhaupt nicht verstehen, warum sie (Johns Mutter) weg war. Ich habe sie seitdem gehaßt. Heute kann ich viel besser einschätzen, was damals passierte. Ich glaube, sie hat die für sie richtige Entscheidung getroffen.«

Johns Vater und Mutter waren schon bald nach der Scheidung wieder neu verheiratet. Die Mutter bescherte ihm nach ein paar Jahren mit Charlen und dem drei Jahre jüngeren Dean zwei Stiefgeschwister. Der Vater, bei dem John und seine Schwester Karyn nach der Scheidung geblieben waren, konfrontierte ihn mit einer Stiefmutter, mit der er offenbar so seine Schwierigkeiten hatte. »Mein Dad ist okay, aber mit einer Hexe verheiratet«, beichtete er einmal einem Mitarbeiter des Jugendmagazins POPCORN. Immerhin konnte er der ungeliebten Stiefmutter aus dem Weg gehen: Karyn und John zogen in eine eigene Wohnung. John wollte danach von seinen Eltern nichts mehr wissen: »Ich wollte eigentlich mit keinem von beiden jemals wieder was zu tun haben. Aber jetzt besuche ich sie wieder ab und zu.«

Wenig später fand er ein ideales Ventil, um seinen Frust abzulassen: Er kaufte sich ein Keyboard und begann, eigene Lieder zu schreiben. Karyn, die inzwischen eine Art Mutterrolle für ihren gerade mal ein Jahr jüngeren Bruder übernommen hatte, reagierte nicht anders als eine wirkliche Mutter: Sie versuchte John die Flausen mit der Musik auszutreiben und schickte ihn zum Arbeitsamt, wo er sich gefälligst um einen »richtigen Job« bemühen sollte. Das klappte zwar, was schon damals in London keine Selbstverständlichkeit war, doch John brauchte nicht allzu lange, um festzustellen, daß Dachdecker in einer Baukolonne nicht gerade sein Traumberuf war. Als er 1989 schließlich genug vom Ziegellegen in luftiger Höhe hatte, machte er sich mit seinen drei Freunden Tony, Terry und Brian daran, für die gemeinsame Band Songs zu schreiben und sich an einer Karriere als Profimusiker zu versuchen.

Übrigens enthüllte 1992 ein Reporter das Geheimnis von Johns auffälliger Schwäche für Kopfbedeckungen. Er war praktisch nie ohne Mütze zu sehen. »Für das BRAVO-Team lüftete er die Mütze«, schrieb die Zeitschrift im November 1992 und behauptete, den Grund für den Kappen-Fimmel des Jungstars herausgefunden zu haben: »Drunter hat er eine Glatze!«

Steckbrief

Name: John Darren Hendy
Geburtstag: 26. März 1971
Geburtsort: Barking (London)
Größe: 1,75 Meter
Haarfarbe: blond
Augenfarbe: blau
Vater: Bernie Hendy, Vertreter
Mutter: June, Hausfrau
Geschwister: Karyn (ein Jahr älter), Stiefbruder Dean, Stiefschwester Charlen

Tony Mortimer – der Sensible

Auf der Bühne ist Tony eine der Hauptattraktionen der Band. Und ganz offensichtlich genießt er seine Wirkung auf die weiblichen Fans – denn mit ziemlich unmißverständlichen erotischen Gesten heizt er die Atmosphäre bei Konzerten gerne zusätzlich an. Die meisten seiner Verehrerinnen würden sich wahrscheinlich sehr wundern, wenn sie ihr Idol einmal privat hinter den Kulissen erleben könnten: Kaum hat er das Rampenlicht verlassen und muß auch nicht mit einem Blitzlichtgewitter der Fotografen rechnen, wird aus dem umtriebigen, ständig unter Hochspannung stehenden Live-Star Tony ein recht ernsthafter, beinahe in sich gekehrter Typ.

Geboren wurde Anthony Michael Mortimer am 21. Oktober 1970 im Londoner Vorort Stepney. Als kleiner Junge zog er mit seinen Eltern und den beiden älteren Geschwistern nach Walthamstow um – doch leichter wurde sein Alltag dadurch auch nicht. Tonys Vater schuftete als Zimmermann und hatte große Mühe, genug Geld für die fünfköpfige Familie zusammenzubringen. Tonys Mutter war zu Hause vollauf damit beschäftigt, aus der schmalen Haushaltskasse für das Nötigste zu sorgen.

Obendrein gab es immer wieder Krach. Noch heute ist Tony auf seine Kindheit nicht besonders gut zu sprechen. »Meine Mutter und meine Schwester stritten ständig«, erinnerte er sich einmal. »Auch mein Vater und mein Bruder hatten sich dauernd in der Wolle. Meine Kindheit war ziemlich einsam. Ich war immer das fünfte Rad am Wagen und in allem bestenfalls Durchschnitt: in der Schule, im Sport und später auch, wenn es um Mädchen ging.« Also alles ein einziges Trauerspiel? Na ja, nicht ganz. Im nachhinein jedenfalls sieht Tony seine Jugend nicht nur negativ: »Trotz allem bin ich auch froh, in so bescheide-

Tony mußte als Kind einen schweren Schicksalsschlag verkraften.

nen Verhältnissen aufgewachsen zu sein. Das hilft mir heute, mit beiden Beinen auf dem Boden zu bleiben.«

Damals half ihm meistens die Nähe zu seinem Bruder Ollie, den er sehr bewunderte, über die größten Probleme hinweg. Ollie gehörte zu einer ziemlich wilden

»An Weihnachten vermisse ich Ollie besonders stark.« Tonys Bruder nahm sich vor einigen Jahren das Leben.

Clique, die gelegentlich auch krumme Dinger drehte. Was Tony besonders an seinem Bruder faszinierte, war, daß er Gitarre spielte. »Er war ein Supergitarrist. Durch ihn habe ich angefangen, Musik zu machen. Ich habe viel von ihm gelernt – allerdings auch Schlechtes.«

Dieses »Schlechte« brachte Tonys Bruder dann auch ums Leben. Tony 1993 in einem Interview mit POPCORN: »Mein älterer Bruder war in einer Straßengang und geriet auf die schiefe Bahn.« Allmählich rutschte Ollie immer tiefer ab. Schließlich, 1990, beging er Selbstmord. Die Erinnerung an damals fiel Tony auch Jahre später noch schwer. Im Gespräch mit BRAVO erzählte er: »An dem Tag, an dem sich Ollie umbrachte, hatten wir Streit und ich lief einfach weg. Ich streunte die halbe Nacht quer durch London, und als ich in den frühen Morgenstunden heimkam, standen ein Polizeiauto und der Notarztwagen vor unserer Tür. Noch bevor mir irgend jemand etwas sagte, wußte ich, daß Ollie nicht mehr lebte. Ich hab' mich monatelang schuldig an seinem Tod gefühlt.«

»An Weihnachten vermisse ich Ollie besonders stark«, sagt er heute. Der tragische Tod seines Bruders ließ Tony, der ohnehin kein besonders ausgelassener Junge war, noch stiller, nachdenklicher und verschlossener werden. Schon vorher hatte er zum Beispiel Stofftiere gesammelt und sich – für einen Teenager in London-Walthamstow wohl nicht die Regel – mehr für Literatur als für Fußball interessiert. »Im Grunde«, erzählte er einmal, »war mir die Schule ziemlich egal. Mathe haßte ich sogar. Als wir uns aber im Englischunterricht mit Literatur beschäftigt haben, habe ich das erste Mal richtig Feuer gefangen. Ich finde es faszinierend, was man mit Worten alles ausdrücken kann!« Nach dem Tod seines Bruders entdeckte Tony diese Ausdrucksform auch für sich selbst: Er schrieb gefühlvolle Gedichte, für die er sich unter anderem Anregungen aus Büchern über Wiedergeburt holte. Dadurch entwickelte er auch ein starkes Faible für übersinnliche Themen. »Nennt Geister nie einfach nur Gespenster«, empfahl er zum Beispiel im November 1992 in einem Interview mit der britischen Musikzeitschrift HIT CD. »Geister sind Seelen. Jeder Körper – also jeder Mensch, jede Pflanze, jedes Tier und so weiter – hat außer seiner physischen Erscheinung auch noch einen Astralkörper – einen ätherischen Körper, der aus Schwingungen besteht. Dieser Astralkörper besteht weiter, wenn unser leiblicher Körper ausgedient hat. Alle unsere Lieben, deren sterbliche Hülle von uns gegangen ist, lieben uns noch immer und sind uns weiterhin nahe. Und sie können uns damit sogar näher sein als früher mit ihrem physischen Körper. Manchmal aber irren Geister ohne Ziel und Orientierung umher, weil sie zu Lebzeiten nicht an spirituelle Dinge geglaubt haben. Das sind dann diejenigen Geister, die man mit Fug und Recht Gespenster nennen kann. Ich habe zwar noch nie eine Seele oder ein Gespenst gesehen – aber ich spreche oft zu den Seelen meiner Lieben und höre sie antworten.«

»Ich verkehre mit einem spirituellen Medium, durch das ich Kontakt zu meinem Bruder aufnehmen kann«, sagte er in einem anderen Interview voller Überzeugung. »Er spricht nachts manchmal zu mir.« Zu Tonys »Antworten« gehörte auch der Song »Stay Another Day«, eine wunderschöne, melancholische Ballade: »Ich habe dieses Lied Ollie gewidmet.«

»Ich stelle mir vor, daß mein Bruder irgendwo im Himmel auf einer Wolke reitet und zu mir heruntersieht«, erklärte er BRAVO 1994 ein Tattoo auf seiner rechten Schulter, das ein geflügeltes Pferd auf einer mit Ollies Namen beschrifteten Wolke zeigt. Ob Wirklichkeit oder Einbildung – eines jedenfalls brachte ihm Ollie durch seinen

Tony will mit seinen Liedern und Texten ein Zeichen gegen Haß und Gewalt setzen.

frühen Tod tatsächlich bei. Tony: »Ich habe durch Ollies schreckliches Schicksal gelernt, daß es nichts bringt, immer die Konfrontation zu suchen. Wenn du deine Umwelt mit Liebe behandelst, dann bekommst du auch Liebe zurück ... Ich möchte die Rap-Szene gerne ändern. Jede neue Band ist härter als die bisherigen. Es geht nur noch um Haß und Gewalt. Ich möchte gern eine Blume auf diesen Haufen von Steinen legen.«

Tonys Friedensliebe bedeutete allerdings nicht, daß er gewissermaßen als Sankt Anthony durch Walthamstows Straßen schwebte und seine Nachbarn beschenkte. So ziemlich genau das Gegenteil soll der Fall gewesen sein: Nach der Schule erwarb sich Tony als Immobilienmakler einen eher zweifelhaften Ruf in der Gegend, auch mit Polizei und städtischen Behörden soll er mal Probleme bekommen haben. Was immer er auch als Makler richtig oder falsch gemacht haben mag – er lernte sozusagen fürs Leben. Denn Tony war der erste der East-17-Jungs, der sich stolzer Besitzer eines Eigenheims nennen konnte. »Ich habe«, erzählte er 1993 nach dem Wechsel ins Lager der Grundbesitzer, »bis vor kurzem noch daheim gewohnt. Inzwischen habe ich ein eigenes Haus – es ist das einzige im ganzen Viertel, das nicht grau, sondern knallgrün angestrichen ist.«

Steckbrief

Name: Anthony Michael Mortimer
Geburtstag: 21. Oktober 1970
Geburtsort: Stepney (London)
Größe: 1,83 Meter
Haarfarbe: hellbraun
Augenfarbe: grün
Vater: Timothy Mortimer, Zimmermann
Mutter: Geraldine Mary, Hausfrau
Geschwister: eine Schwester, Bruder Ollie (der 1990 Selbstmord beging)

Brian Harvey – der Mädchenliebling

Brian ist der absolute Mädchenliebling in der Band und zugleich das jüngste (zweibeinige) Mitglied von East 17. »Unser Kleinster«, sagte John einmal über ihn, »ist Mr. Charming. Alle lieben sein bezauberndes Lächeln. Er ist der Quirligste von uns.« Und Tony frotzelte in einem Interview lachend: »Wir haben ihn eigentlich nur in die Band aufgenommen, weil er so super aussah. Zum Glück konnte er auch richtig gut singen.«

Brian Harvey gilt als Favorit der meisten weiblichen East-17-Fans.

Auch wenn er aussieht, als könne er kein Wässerchen trüben, hat es Brian faustdick hinter den Ohren.

Geboren wurde Brian Lee Harvey am 8. August 1974 in Walthamstow. Mit ihm war – nach seinen älteren Schwestern Neeley, Hayley und Sadir – die Familie komplett. Allerdings nicht für lange Zeit: Gerade mal vier Wochen nach Brians Geburt verließ sein Vater das offenbar nicht allzu traute Heim. Bald darauf heiratete Brians Mutter wieder – doch mit seinem Stiefvater konnte sich Brian nie anfreunden. Und dieses Verhältnis beruhte wohl auf Gegenseitigkeit, wie Brian einmal erzählte: »Wir haben uns gehaßt.« Aber er hatte Glück im Unglück: Mit den Großeltern, bei denen er aufwuchs, verstand er sich prächtig: »Meine Großeltern sind sehr lieb. Meine Oma ist toll, sie hat mir das Kochen beigebracht.«

Die Oma wollte auch dafür sorgen, daß Brian noch etwas anderes lernte. Sie vermittelte ihm eine Lehrstelle als Installateur – doch den rechten Draht fand er zu diesem Job nicht, zumal er sich auch eher wie eine Aushilfe als wie ein Auszubildender fühlte. »Ich mußte fast nur Regale auswischen, Fußböden schrubben und das Schaufenster putzen«, erinnerte er sich in einem Interview und schüttelte sich. »Es war die reinste Plackerei.«

Noch eine kleine Überraschung für seine zahllosen weiblichen Fans: Im bandinternen Vergleich ist Brian Harvey in punkto Liebeserfahrung beinahe ein Spätstarter! Ein kleiner Trost: Im Landesdurchschnitt dürfte er dennoch ganz gut liegen. Die Zahlen, die BRAVO am 7. April 1994 veröffentlichte: erster Kuß mit neun, »Unschuld verloren« mit 15 (»an den Namen des Mädchens kann er sich nicht mehr erinnern«), erste feste Freundin mit 16.

Steckbrief

Name: Brian Lee Harvey
Geburtstag: 8. August 1974
Geburtsort: Walthamstow (London)
Größe: 1,62 Meter
Haarfarbe: braun
Augenfarbe: blau
Vater: Ian Harvey, Elektriker
Mutter: Pauline, Hausfrau
Geschwister: die Schwestern Neeley, Hayley und Sadir, später kamen mit Tommy und Paul noch zwei Stiefbrüder aus der zweiten Ehe seiner Mutter dazu

Terry Coldwell – der Stille

»Terry«, beschreibt ihn John, »ist sehr ruhig. Er sagt nicht viel, aber was er sagt, hat Hand und Fuß.« Hand und Fuß hat auch, was Terry während der East-17-Konzerte auf der Bühne anstellt: Er gilt als der beste Tänzer der vier Briten. Terry sieht seine Stärken als Bandmitglied auch selbst nicht gerade in seiner Redseligkeit. »Ich rede tatsächlich nicht so viel«, erzählte er BRAVO einmal. »Aber blöd bin ich deshalb noch lange nicht, ich denke mir lieber meinen Teil. Und empfindsam bin ich ebenfalls, auch wenn ich es nicht jedem zeige.«

Geboren wurde er am 21. Juli 1974 in London. Wenig später zog die Familie in den Stadtteil Walthamstow, wo sich Klein Terry bald als richtiger Rabauke erwies. Vielleicht hatte sein Vater, ein Vorarbeiter, damals schon bedauert, daß er seinem allzu lebhaften Sprößling denselben Namen gegeben hatte, den er trug: Terry Coldwell. Ganz besonders sauer dürfte Terry senior der gewöhnungsbedürftige Sinn für Humor aufgestoßen sein, den der Kleine schon sehr früh entwickelt hatte. BRAVO erzählte Terry einmal: »Ich war ungefähr fünf Jahre alt, als sich mein Vater beide Beine brach. Er mußte an Krücken gehen. Dabei geschah das nächste Unglück: Beim Versuch, die Treppe hinunterzuklettern, fiel er so unglücklich, daß er sich beide Rippen brach. Ich fand das so komisch, daß ich vor Lachen Bauchweh bekam. Das hält mir meine Familie heute noch vor.«

Wie auch immer: Terry junior machte der Familie wenig Ehre in der Nachbarschaft – ständig hörten die Coldwells neue Berichte darüber, daß der Sohn irgendwo beim Zigarettenpaffen oder Prügeln erwischt worden sei. Wenigstens in der Schule sorgte er für wenig Ärger – aber auch das nur, weil er kaum hinging. »Ich besuchte die Sir

Terry Coldwell ist kein Freund groβer Worte.

»In der Schule«, erinnert sich Terry, »war ich ein Versager.« Er hat andere Talente – seine Breakdance-Einlagen sind brillant.

George Monarch School«, erzählte er einmal. »Eine reine Jungenschule – sehr langweilig. Also habe ich meistens geschwänzt und mich zur nahen Mädchenschule geschlichen ...«

Zum Glück war Terry wenigstens oft genug in der Schule, um seinen Banknachbarn ein bißchen näher kennenzulernen: einen gewissen Brian Harvey. Terry vor ein paar Jahren in einem Interview: »Anfangs hielt ich ihn für einen dummen Jungen. Aber als wir anfingen, in dieselben Jugendclubs zu gehen, freundeten wir uns an und entdeckten gemeinsame Hobbys. Heute ist er mein bester Freund.« Brian fügte lachend hinzu: »Ich weiß gar nicht mehr, wie oft wir nachsitzen mußten, weil sie uns mit Zigaretten auf dem Klo erwischt haben.« Zu besseren Noten hat ihm das Nachsitzen allerdings nicht verholfen, wie Terry dem Magazin MÄDCHEN 1993 anvertraute: »Ich war in der Schule ein Versager. Das hat mich echt deprimiert.«

Besser war seine Stimmung dagegen, wenn Musik im Spiel war – und er dazu tanzen konnte. Als Achtjähriger versuchte er zum ersten Mal, einige Mädchen mit Breakdance-Einlagen zu beeindrucken, und schon mit 13 hatte er seine Fähigkeiten so weit verfeinert, daß er seinen ersten Wettbewerb gewann. Danach mußte nicht mehr viel zusammenkommen, bis Terry mit 15 der Schule den Rücken kehrte. Doch aus der erhofften Tänzerkarriere wurde zunächst nichts: Seine Eltern schickten ihn zum Arbeitsamt, wo ihm ein Job als Aushilfe in einer Druckerei vermittelt wurde.

Steckbrief

Name: Terry Mark Coldwell
Geburtstag: 21. Juli 1974
Geburtsort: London
Größe: 1,73 Meter
Haarfarbe: braun
Augenfarbe: braun
Vater: Terry Coldwell, Vorarbeiter
Mutter: Carol, Sekretärin
Geschwister: Vicky

Levi – das vierbeinige Maskottchen

»East 17 ist die einzige Band der Welt«, witzelte BRAVO 1992 in einem kleinen Porträt, »die sich ein Mitglied leistet, das weder singen, geschweige denn ein Instrument spielen kann, aber trotzdem durchgefüttert werden muß.« Die Rede ist von Johns Hündin Levi, die als Maskottchen und »fünftes Bandmitglied« den steilen Aufstieg der Gruppe miterlebte.

Die enge Freundschaft zwischen John und Levi begann sozusagen mit einer schmerzhaften Trennung: Umgerechnet etwa 700 Mark – nicht gerade wenig für einen Teenager – mußte sich John nach und nach absparen, um sich den Rassewelpen seiner Träume leisten zu können. Dennoch hat er natürlich nie daran gezweifelt, daß dieses Geld gut angelegt war. Levi und John wurden zum unzertrennlichen Pärchen und waren in Walthamstow bald so bekannt wie der sprichwörtliche bunte Hund. Levis Körbchen stand direkt neben Johns Bett, und auch auf der Straße war John praktisch nie ohne seinen treuen Vierbeiner zu sehen. »Vor allem beim Metzger um die Ecke waren wir bekannt«, erzählte John einmal lachend. Für Heiterkeit sorgte auch die Anekdote, wie Levi zu ihrem ungewöhnlichen Namen kam: Sie soll nach Johns Lieblingsjeansmarke benannt worden sein. Möglicherweise handelt es sich dabei aber auch um Levis Lieblingsmarke ...

John jedenfalls schien seiner kleinen Freundin zerrissene Hosen oder zerkratzte Möbel nicht übelzunehmen. Er hielt jahrelang große Stücke auf Levi: »Sie ist ein Staffordshire-Terrier«, erklärte er BRAVO Anfang 1993 voller Stolz. »Der ideale Familienhund. Von den kleinen Kindern meiner Schwester läßt sie sich alles gefallen. Aggressiv wird sie nur, wenn mich jemand angreift.« Und er schwärmte: »Der wichtigste ›Mensch‹ in meinem Leben

Gruppenbild mit Hundedame: Levi und ihre vier Herrchen Tony, Brian, Terry und John (v.l.n.r.).

ist meine Hündin Levi. Ich liebe es, mit ihr durch die Straßen zu laufen. Als sie sich im Herbst bei der Vogeljagd am Hinterlauf verletzte, hab' ich sogar geweint.«

Um Levi an alle Bandmitglieder zu gewöhnen, wurde sie eine Zeitlang regelrecht »herumgereicht« und wohnte reihum bei allen vier East-17-Jungs – schließlich sollte sie sich während der Tourneen in ihrer Gesellschaft wohl fühlen. John hatte Levi praktisch ständig bei sich – sie ist auch auf der ersten Single »House Of Love« zu hören und als lustige Mischung aus »Gaststar« und Maskottchen sogar auf den Videos der Band zu sehen. Wenn sie ausnahmsweise einmal fehlte, war das der Musikpresse prompt eine Meldung wert. Wie 1992: »Ihr fünftes Bandmitglied, Johns Hündin Levi, war nicht dabei«, gab BRAVO bekannt, als die vier Jungs während der »Skool-Tour« im Winter '92 vor einem Konzert ohne den prominenten Vierbeiner gesichtet wurden. »Sie hatte sich bei der Vogeljagd im Garten eine Sehnenzerrung geholt.«

Keine Frage: John war auf seinen vierbeinigen Freund wirklich stolz. Das verheimlichte er auch in Interviews nicht, wenn er erklärte, warum seine Wahl auf Levi gefallen war: »Ich steh' auf Bullterrier, aber die gefährlichen Pitbullterrier waren mir doch 'ne Nummer zu heftig. Levi ist schon ganz schön verwöhnt, denn die anderen Jungs verhätscheln sie sehr.« Nicht nur sie – auch Johns Schwester Karyn, die manchmal auf Levi aufpaßte, wenn John mal verhindert war, konnte dem Vierbeiner mit dem treuen Hundeblick offenbar kaum einen Wunsch abschlagen. Entsprechend genervt verdrehte John bei diesem Thema die Augen: »Karyn verwöhnt sie zu sehr. Wenn ich etwa von einer Tour nach Hause komme, muß ich Levi erst mal wieder einige Unarten abgewöhnen.«

Als Preis für ihr Dasein als tierischer VIP mußte die berühmte Levi schon einiges über sich ergehen lassen, woran ihre Artgenossen wohl nicht einmal in ihren schlimmsten Hundealpträumen denken würden: Um vor der Kamera gut auszusehen, wurde der kleine Terrier stets sorgfältig gebadet und gepudert. So ein Hundeleben! Dafür war Levi eine Zeitlang allgegenwärtig, wenn es um East 17 ging. Als die Band 1993 zum Beispiel ihre anstrengende Tournee durch England und Fernost beendet hatte und den Einstieg in die lang ersehnten Ferien mit einer Live-Party in einer Halle im heimischen Walthamstow feierte, hingen überall Karikaturen der Hündin an den Wänden. Und obwohl Levi selbst nicht unter den illustren Gästen zu weilen geruhte, standen überall Schälchen mit tiergerechtem Knabberzeug herum. Ob auch Zweibeiner an diesem Abend von den leckeren Hundekeksen gekostet haben, ist nicht überliefert. Brian fand die Unterschiede zwischen Hund und Mensch ohnehin nicht so gravierend – wenn auch vielleicht nicht gerade im Hinblick auf ihre Eßgewohnheiten: »Hunde«, sagte er einmal, »sind Gewohnheitstiere wie Menschen. Läßt man sie alleine, verkümmern sie; nimmt man sie überallhin mit, wollen sie immer in Gesellschaft sein.«

Doch dann mußte sich Levi an andere Gesellschaft gewöhnen: John und sie hatten sich getrennt, und Levi zog mit Körbchen und Napf um. John im November 1995 zu BRAVO: »Sie lebt jetzt bei meiner Schwester und ist im Ruhestand. Der Streß wurde ihr zuviel.« John hatte bald einen Nachfolger für Levi gefunden: Riggs war ebenfalls ein Bullterrier, aber jünger als Levi. Das britische Musikmagazin NEW MUSICAL EXPRESS konnte sich einen Seitenhieb nicht verkneifen: »Ein offizieller Sprecher«, frotzelte das Blatt im Oktober 1995, »dementierte, daß die Trennung von Dauer sei, und lehnte einen Kommentar zu Gerüchten ab, nach denen Levi den Start einer Solokarriere vorbereite.«

17 Fragen an East 17

1992 verschickte die Plattenfirma von East 17 Fragebogen an die Presse, in denen sich die vier Jungs mit Hund ohne tierischen Ernst »outeten«. Und das waren damals – eigenen Angaben zufolge – die Vorlieben der Senkrechtstarter aus Walthamstow:

John Hendys Favoriten

Popstar: Barry White
Bestes Billigauto: R 5 Turbo
Heißeste Disko: »Charlie Change«
Video-Spiel: »Pit Fighter«
Klamotten: T-Shirts

Von London-Walthamstow aus eroberten Terry Coldwell, Brian Harvey, Tony Mortimer und John Hendy die Charts der Welt.

Johns Verwandlung: Innerhalb weniger Jahre vom Straßenkid …

… zum selbstbewußten Popstar.

Posen für den Fotografen: Die East-17-Jungs mauserten …

… sich schnell zu Lieblingen der Musikzeitschriften.

Das lässige Outfit der Band wurde von vielen Fans übernommen.

Erotische Anspielungen sind eine Spezialität der vier Londoner.

Trotz aller Erfolge sind die vier die Freunde von einst geblieben.

Musical oder Theaterstück: »Phantom der Oper«
Stadt oder Gegend: Walthamstow
Bester Freund: mein Gesicht
Lieblingsposition beim Sex: alle
Film: »Kick Boxer«
Buch, Comic oder Zeitschrift: »Das Schweigen der Lämmer«
Lieblingsessen bei McDonald's: Big Mac
Schönste Blume: McDougall-Rose
Sympathischstes Take-That-Mitglied: wer?
Tollstes Mädchen: Zoe
Beste CD: »Thriller«
Wichtigstes Körperteil: mein Hannes!!

Tony Mortimers Favoriten

Popstar: Prince
Bestes Billigauto: Renault 5
Heißeste Disko: »Heaven On The Straighter Nites«
Video-Spiel: »Pit Fighter«
Lieblingsklamotten: Trainingsanzüge
Musical oder Theaterstück: »West Side Story«
Stadt oder Gegend: Walthamstow – was sonst?!
Bester Freund: mein Kleiner ...
Lieblingsposition beim Sex: von hinten
Film: »Boyz 'N The Hood«
Buch, Comic oder Zeitschrift: PENTHOUSE
Lieblingsessen bei McDonald's: Chicken Burger
Schönste Blume: Orchidee
Sympathischstes Take-That-Mitglied: wer?
Tollstes Mädchen: Tracey oder Sharon
Beste CD: »Sign O' The Times«
Wichtigstes Körperteil: mein Kleiner

Brian Harveys Favoriten

Popstar: Prince
Bestes Billigauto: XR 2
Heißeste Disko: »Orange« in Rocket
Video-Spiel: »Double Dragon«
Lieblingsklamotten: meine Mütze
Musical oder Theaterstück: »Les Mserables«, nein: »Miserals« ... Sorry, ich kann's nicht schreiben (gemeint ist »Les Misérables« – Anm. d. Autorin)
Stadt oder Gegend: Walthamstow, E 17!!!!!
Bester Freund: mein kleiner Freund
Lieblingsposition beim Sex: stehend an der Bushaltestelle
Bester Film: »Lethal Weapon 2«
Buch, Comic oder Zeitschrift: Viz
Lieblingsessen bei McDonald's: Big Mac
Schönste Blume: McDougall
Sympathischstes Take-That-Mitglied: haben die so was?
Tollstes Mädchen: Terry!!!
Beste CD: »Guy – The Future«
Wichtigstes Körperteil: Brust

Terry Coldwells Favoriten

Popstar: Michael Jackson
Bestes Billigauto: Peugeot 205
Heißester Club: »Orange« in Rocket
Video-Spiel: »Chase HQ«
Lieblingsklamotten: Schlabberhosen

Musical oder Theaterstück: »Phantom der Oper«, glaube ich
Stadt oder Gegend: unser Herrenhaus, vermutlich
Bester Freund: Hut
Lieblingsposition beim Sex: 69
Bester Film: »King Of New York«
Buch, Comic oder Zeitschrift: VIZ
Lieblingsessen bei McDonald's: Schokoladen-Donuts
Schönste Blume: Unkraut, natürlich
Sympathischstes Take-That-Mitglied: wer ist das denn?
Tollstes Mädchen: Mama
Beste CD: »Shades Of Rhythms«
Wichtigstes Körperteil: the end of my old chap
(viel Spaß beim Übersetzen! Welches Körperteil unterhalb der Gürtellinie Terry meint, ist wohl leicht zu erraten ... – Anm. d. Autorin)

Levis Favoriten

Popstar: Lassie
Bestes Billigauto: Hunde können nicht Auto fahren
Heißeste Disko: »Der Hundehütten-Club«
Video-Spiel: »Pitbull Fighter«
Lieblingsklamotten: Halsband
Musical oder Theaterstück: »Dog Tired«
Stadt oder Gegend: Wau! (Spitzname für Walthamstow)
Bester Freund: John, Tony, Brian, Terry
Lieblingsposition beim Sex: dafür bin ich noch zu jung ...
Bester Film: »Dogs Of War«
Buch, Comic oder Zeitschrift: K9 WOCHENMAGAZIN
Lieblingsessen bei McDonald's: Chicken McNugget
Schönste Blume: Palmkätzchen
Sympathischstes Take-That-Mitglied: Wuff!! Grrrrrr... schnapp!
Tollstes Mädchen: Prunella
Beste CD: »Snap«
Wichtigstes Körperteil: Schwanz

Walthamstow, E 17: Ein Postbezirk wird weltberühmt

»Hier«, sagten die Jungs 1992 von East 17 und meinten die trostlosen Straßen von Londons nicht gerade ansehnlichem Arbeiterviertel Walthamstow, »hier sind wir aufgewachsen. Diese Straßen haben uns zu dem gemacht, was wir sind. Deshalb gehören wir hierher!«

Dabei gibt es viele, die überzeugt sind, daß das beste an diesem Flecken britischer Erde die Schnellstraßen sind, die aus dem Viertel hinausführen. Walthamstow liegt im nordöstlichen Teil des riesigen Londoner Stadtgebietes, rund zehn Kilometer Luftlinie vom Stadtzentrum entfernt. In der Nachbarschaft – ein paar Straßen weiter westlich – kicken die Erstliga-Fußballer der Tottenham Hotspurs. Sie werden im stets gut besuchten Stadion als eine Art Aushängeschild der Londoner Arbeiterschaft bejubelt. Auch die unattraktive, aber traditionsreiche Arbeitersiedlung Walthamstow wertet die Londoner Stadtverwaltung offenbar als ein solches Aushängeschild – und sie ist auf Walthamstows Geschichte gleich so stolz, daß in einem Arbeiterwohnhaus aus dem frühen 18. Jahrhundert sogar ein Museum eingerichtet wurde. Von montags bis samstags kann man dort eine recht interessante Sammlung von historischen Alltagsgegenständen bestaunen.

Der Rest des heutigen Walthamstows ist noch nicht museumsreif. Viele tausend Londoner leben hier zwischen grauen Mauern in alten Ziegelhäusern und neueren (aber nicht hübscheren) Wohnblocks – eine Gegend, die nicht nur im strömenden Regen trostlos wirkt.

Vor dieser deprimierenden Kulisse lernten sich Terry, Tony, John und Brian kennen und gründeten ihre Band, die heute zu den weltweit erfolgreichsten Popgruppen

Der Erfolg ist den vier Jungs aus Walthamstow nicht zu Kopf gestiegen: Sie sind noch immer die vier Freunde von einst.

London-Walthamstow: »Diese Straßen haben uns zu dem gemacht, was wir sind. Deshalb gehören wir hierher!«

zählt. Der Name für die Gruppe war schnell gefunden: East 17 (oder kurz: E 17) – dieser Vermerk im Adreßfeld sorgt dafür, daß Briefe nach Walthamstow im richtigen Londoner Postbezirk (eben Ost 17) ankommen. Allerdings war East 17 im Fall unserer vier Helden wohl eher als Absendervermerk gemeint – für eine Eilsendung rund um die Welt.

Dabei sah es zunächst nicht unbedingt so aus, als würden die vier einmal in teuren Hotels logieren und für ihre Hits und Konzerte mit Lobeshymnen, Schallplattenpreisen und ansehnlichen Geldscheinbündeln überhäuft werden. Die vier Jungs waren – von ihrem Traum von der Musikerkarriere einmal abgesehen – ein ganz gewöhnlicher Teil der Walthamstower Jugendszene. Auch der fahrbare Untersatz, mit dem Tony, Terry, Brian und John im Sommer 1992 gemeinsam durch die Straßen von Walthamstow düsten, paßte zum Image der bescheidenen Underdogs: Wer sich mit etwas Phantasie all den Schmutz und den Rost wegdachte, konnte in dem klapprigen Auto einen alten BMW erkennen. Der war übrigens wesentlich billiger als Johns 700-Mark-Rassehündin Levi: Ganze 50 Pfund (*damals etwa 120 Mark - Anm. d. Autorin*) hatten die Bandmitglieder für das betagte Vehikel auf den Tisch blättern müssen.

Auch Jahre später noch schienen sie eine ausgeprägte Schwäche für Autos deutscher Herkunft zu haben: Im November 1995 trafen sie auf dem Hockenheimring den ehemaligen Rallye-Weltmeister Walter Röhrl. Als Repräsentant des Stuttgarter Sportwagenherstellers Porsche demonstrierte Röhrl den vier Jungs aus London die Vorzüge eines der schwäbischen Nobelflitzer. Brian, John, Tony und Terry durften jeweils sechs Runden auf der Rennstrecke drehen und waren anschließend richtiggehend sprachlos – aber nur für ein paar Sekunden. Der erste gemeinsame Kommentar der Musiker, nachdem sie wieder »bei Stimme« waren: »Da steckt Musik drin, wir nehmen den Wagen gleich mit.«

Dancefloor-Pop aus dem Arbeiterviertel

Die gut verkäufliche Erfolgsstory der East-17-Jungs – vier rebellische Underdogs aus der Londoner Vorstadt steigen zu weltweit beliebten Popstars auf – reizte natürlich auch die Musikmagazine. Doch East 17 wollte den Umstand, daß Tony Mortimer, Terry Coldwell, Brian Harvey und John Hendy als Teenager nicht gerade kreuzbrav hinter der heimischen Ofenbank gesessen hatten, nicht als Image-Schablone mißbrauchen. Tony in einem Interview mit dem NEW MUSICAL EXPRESS (eine der beiden führenden, wöchentlich erscheinenden Musikzeitschriften Großbritanniens): »Wir hatten alle mal mit der Polizei zu tun, aber das war eben ein Teil unserer Jugend. Um mich

Tony: »Walthamstow löst in mir noch immer starke Gefühle von Heimat und Nostalgie aus.«

herum gibt's Kids, die mit elf, zwölf Jahren Acid einwerfen oder selbstgedrehte Joints rauchen. Vielleicht gehört das einfach zum Alltag in Walthamstow.«

Wieviel Einfluß der heimatliche Stadtteil auf die Stars von East 17, auf ihre persönliche und musikalische Entwicklung hatte, ist natürlich schwer zu sagen. Aber zum einen dürfte die triste Umgebung ihrer Kindheit ein wichtiger Grund für die enge Freundschaft des verschworenen Quartetts sein, als das East 17 die internationalen Charts gestürmt hat.

Und zum anderen prägte das Leben in dem armen Arbeiterviertel auch die kulturelle Vielseitigkeit der vier, die vor allem in den Songs ihrer dritten CD »Up All Night« zu erkennen ist. »In Walthamstow«, sagt Tony, »leben Menschen der unterschiedlichsten Rassen zusammen: Asiaten, Türken, Schwarze, Weiße. Die unterschiedlichsten Religionen sind vertreten und auch kulturelle Traditionen aller Richtungen. Ich glaube, daß unsere Kindheit in diesem Viertel uns sehr gut aufs Leben vorbereitet hat – wir wußten schon ziemlich viel über die Kulturen anderer Länder. Heute gibt es eine solche Vorbereitung zum Teil auch in der Musik: Dancefloor-Pop aus Deutschland, all das amerikanische Zeug – du wirst von allen Seiten regelrecht bombardiert!«

Walthamstow als Multikulti-Gesellschaft im kleinen – für Brian, John, Tony und Terry klang das früher nicht immer so spannend, wie es heute im nachhinein scheinen mag. »Wir hingen damals eigentlich jahrelang immer in den gleichen Ecken von Walthamstow herum«, erinnert sich Tony. »Als ich später einmal von irgendeiner Reise wieder nach Walthamstow zurückkehrte, schlenderte ich durchs Viertel und ›besuchte‹ all die vertrauten Plätze – und ich muß zugeben, daß das starke Gefühle von Heimat und Geborgenheit und ein bißchen Nostalgie auslöste.«

Auch für Bodenhaftung sorgt Walthamstow noch heute. Tony: »In der Gegend, in der wir damals lebten, kennen uns die Leute nach wie vor – und vor allem kennen sie uns aus Zeiten, in denen wir noch keine Stars waren. Die Leute sind total in Ordnung. Übrigens ist es ganz witzig: Je weiter wir von Walthamstow wegfahren, desto berühmter kommen wir uns vor ...« Während viele Prominente nach New York, Los Angeles oder Monte Carlo ziehen, weil die Menschen dort Stars gewöhnt sind und unverkrampft mit ihnen umgehen, können Tony Mortimer, Brian Harvey, John Hendy und Terry Coldwell im guten alten Walthamstow Abstand vom allgemeinen Rummel um die Band gewinnen – weil die Menschen dort den Umgang mit ihnen nicht als Stars, sondern als einfache Nachbarn gewöhnt sind.

Sind die Eltern der Jungs eigentlich stolz auf ihre weltberühmten Sprößlinge oder eher genervt von dem Rummel, der mit der Popularität verbunden ist? »Zum Teil«, sagt Tony. »Sie sind ein bißchen genervt von all dem Drumherum und ein bißchen stolz. Zumindest glaube ich, daß sie stolz auf mich sind – wir reden da ja nicht ständig drüber ...« Und dann meint er ironisch: »Im Grunde ist meine Karriere das Drama meines Lebens ... Ich habe Mutter und Vater ein Haus gekauft, und jetzt leiden sie darunter, daß die ganze Nachbarschaft sehen kann, wieviel Geld ihr Junge hat.«

Nicht nur in Interviews betonen die Boys von East 17 noch immer gerne und oft, daß sie nach wie vor echte Walthamstow-Jungs sind. Für die Video-Aufnahmen zur Hit-Single »West End Girls« zum Beispiel mietete sich die Band aus dem Londoner Osten stilecht in einem alten Lagerhaus im West-Londoner Stadtteil Acton ein. Damit lebten sie gewissermaßen den Text des Songs nach, in dem es heißt: »East End boys meet West End girls ...«

Tony: »In der Gegend, in der wir damals lebten, kennen uns die Leute noch aus Zeiten, in denen wir noch keine Stars waren.«

John: »Ich habe mir eine eigene Wohnung gekauft – nur zwei Minuten von Brians Wohnung entfernt.«

Sie sind dem »East End« treu geblieben

Inzwischen sind die Boys wieder im Londoner East End versammelt. Sie wohnen zwar nicht direkt in Walthamstow, aber nur ein paar Wegminuten davon entfernt in einer etwas nobleren Gegend. Brian und Terry kauften sich Apartments im selben Wohnblock. Terry soll für seine großzügig geschnittene Dachwohnung umgerechnet rund 360 000 Mark, Brian für das etwas kleinere Apartment nebenan etwa 270 000 Mark bezahlt haben. Tony erstand ein kleines Haus im Stadtteil Woodford (was ihn angeblich mehr als eine halbe Million Mark gekostet hat), John leistete sich eine teure Zwei-Zimmer-Wohnung (rund 330 000 Mark).

Was für eine Veränderung! Noch 1992 hatte sich Tony in einem Interview beklagt: »Mir fehlt es oft am nötigen Kleingeld, da jeder von uns zur Zeit von unserem Management lediglich 175 Pfund (*damals umgerechnet etwa* 420 *Mark – Anm. d. Autorin*) pro Woche ausbezahlt bekommt. Die Plattenfirma und das Management haben sehr viel Geld in uns investiert, das wir mit East 17 erst einspielen müssen. Deshalb bekommen wir jetzt noch nicht soviel. Letzten Monat mußte ich mir die Miete für meine Wohnung leihen.«

Und knapp drei Jahre später, im Februar 1995, beschrieben John, Terry und Tony in einem Interview mit BRAVO ihre verbesserten Lebensumstände. John: »Ich habe mir eine eigene Wohnung in der Nähe von Walthamstow gekauft – nur zwei Minuten von Brians Wohnung entfernt. Bei meiner Schwester wurde es doch zu eng.« Und Tony fügte hinzu: »Wir leben noch immer eng beieinander. Mein Haus liegt aber schon in der Grafschaft Essex. Dort gibt es so viel Wald, daß wir Cowboy und Indianer spielen können. Auf dem Land fühle ich mich viel wohler als in der Stadt. Ich habe mein ganzes Leben lang in Stadtwohnungen gelebt und finde es total aufregend, daß ich zum Schlafen in ein anderes Stockwerk gehen muß. Mein Traum aber ist es, mit meiner Freundin Tracy und unseren Kindern auf eine Farm in Irland zu ziehen.«

Nicht nur Tony hat inzwischen die Nachteile von Walthamstow erkannt. Schon 1992 meinte Brian auf die Frage, wie es sich in diesem Viertel Londons lebe, ironisch: »Wenn man die Sonne nicht so oft braucht, Parkuhren den Vorzug vor Bäumen gibt, Abgase und Fabrikschornsteine als zeitlose Kunstwerke betrachtet, dann ist es eigentlich prima.«

Doch gestört hat die vier Jungs in ihrer Kindheit etwas anderes weit mehr: »Weißt du«, gestand John im Dezember '92 der Zeitschrift BRAVO, »Schule war für uns ein wundes Thema. Wenn's Trouble gab, waren wir garantiert darin verwickelt. Oft haben die Lehrer bei unseren Eltern angerufen und gesagt, daß sie uns gerne mal wieder im Unterricht sehen wollten – sie wüßten gar nicht mehr, wie wir aussehen.« Terry zuckte dazu nur mit den Schultern: »Ich glaube, unsere Talente lagen schon immer ganz woanders. Schule war für uns die lästigste Nebensache der Welt. Obwohl ich mir heute auch manchmal wünschen würde, ich hätte die Sache etwas ernster genommen.«

Der beschwerliche Weg der Newcomer zum ersehnten Plattenvertrag

1989 hatte John seine Kumpels Brian, Tony und Terry aus Walthamstow für die Idee begeistert, mit einer Pop-Band aus dem engen, kleinbürgerlichen Korsett ihres heimatlichen Stadtteils auszubrechen. Sie wollten eine weltweite Musikkarriere starten, was eine Menge Spaß (und genügend Geld für ein angenehmes Leben) versprach. Von nun an saß das hoffnungsvolle Quartett ununterbrochen zusammen, um über neuen Songs zu brüten, Arrangements zu schreiben und die passende Choreographie für spektakuläre Auftritte zu entwerfen. John erinnerte sich einmal: »Tony gabelte Terry und Brian in einem Club auf. In meiner Garage haben wir die ersten Demotapes aufgenommen.«

»Wir waren damals«, sagt Tony heute, »eine Band aus vier Freunden – und ich glaubte von Anfang an daran, daß wir es schaffen würden. Ich meine: Ich kannte John seit 13 Jahren, wir waren in derselben Klasse gewesen. Wir hatten sonst nichts zu tun – zu Hause in Walthamstow konnten wir als Jugendliche im Grunde nur zwischen Kriminalität und Musik wählen. Tja, und mein Bruder war damals gerade im Gefängnis – also fand ich die Kriminalität natürlich nicht besonders reizvoll. Ich war ein guter Sportler und mochte in diesem Zusammenhang auch das Tanzen sehr. Außerdem stamme ich aus einer sehr musikalischen Familie. Und schließlich habe ich festgestellt, daß aus diesem Hobby durchaus auch ein Geschäft, ein Beruf werden könnte.«

Zu den ersten Songs, die Tony Mortimer, Terry Coldwell, Brian Harvey und John Hendy in der Garage von Johns Eltern für ein frühes Demo-Band aufnahmen, zählte das Stück »House Of Love«. Voller Zuversicht (und wohl

Für den ersehnten Plattenvertrag mußten sich Tony und die anderen beinahe die Hacken ablaufen.

auch ziemlich stolz auf den eigenen Sound) marschierten die vier Jungs damit zur ersten Plattenfirma – und holten sich die erste Abfuhr. Offenbar erkannte niemand das Potential, das in dieser ebenso eingängigen wie tanzbaren Nummer steckte.

Doch die vier ließen sich nicht entmutigen: »Wir haben den Plattenfirmen die Bude eingerannt«, erzählte Brian BRAVO im November 1992. Mit Erfolg: Schließlich hatten sie den ersehnten Vertrag in der Tasche. Das kleine Label London Records war sich mit den Newcomern einig geworden und hatte damit – wie sich bald herausstellen sollte – das große Los gezogen. Kaum war »House Of Love« als erste Single der Londoner Newcomer erschienen, verbreitete sich der Ruf dieses exzellent produzierten und witzigen Ohrwurms wie ein Lauffeuer. Schon nach wenigen Wochen hatten Tony Mortimer, Terry Coldwell, Brian Harvey und John Hendy mit ihrem Einstand in der Musikszene einen Erfolg erzielt, von dem manch altgedienter Musikprofi nur träumen kann: Platz eins in Schweden, Israel und Finnland und Plazierungen in den Top Ten in Deutschland, Dänemark, Norwegen, Österreich, Australien und Frankreich.

So schnell, wie East 17 in den Charts aufgetaucht war, landete die Gruppe auch in der Schublade mit der Aufschrift »Teenie-Band«. Die vier Londoner selbst sahen das Ganze ziemlich pragmatisch und scherten sich nicht besonders um das Etikett, das ihnen damit angehängt wurde. »Wir wußten schon, daß wir als Teenie-Band bezeichnet werden würden, als die Single erschien«, meinte Tony dazu nur. »Warum? Na ja, wir sind eben jung ... Man muß sich irgendwo in der Szene einordnen lassen. Obwohl unsere erste Single auf Platz eins der englischen Dance-Charts kletterte, wußte niemand, wie wir aussahen, weil sie ohne Fotos auf dem Cover erschienen war. Ich empfand das damals als einen ungeheuren Vorteil für uns – denn so wußten wir, daß die Fans die Platte wegen der guten Musik und nicht wegen einiger guter Fotos gekauft hatten.«

Doch trotz des großen Erfolges in den Hitparaden war der Durchbruch noch nicht ganz geschafft – East 17 mußte sich erst einmal auch auf der Konzertbühne bewähren. An ihr Live-Debüt erinnerten sich die vier Jungs später allerdings nur noch mit Grausen. 1991 waren sie in Bristol zum ersten Mal vor Publikum auf eine Bühne geklettert: Ein Radiosender wollte die Werbetrommel für sich rühren und peppte das Programm mit kleinen Live-Einlagen auf. Hinterher waren Tony, Terry, John und Brian heilfroh, daß sie ihre »Feuertaufe« in einem relativ kleinen Rahmen absolviert hatten. Denn, so verriet Brian dem Magazin BRAVO: »Es ging alles schief, was schiefgehen konnte – schrecklich!« Und John stöhnte noch zwei Jahre nach dem Desaster: »Das war damals wirklich eine Katastrophe! Tony vergaß die erste Rap-Zeile, Brian und Terry stießen beim Tanzen dauernd zusammen.«

Der Aufstieg der Londoner Jungs zu internationalen Stars

»Für uns gibt es einen riesigen Markt«, gab sich Tony Mortimer dem NEW MUSICAL EXPRESS gegenüber schon siegesgewiß, bevor die Karriere des Quartetts überhaupt richtig begonnen hatte. »Seit Duran Duran und Wham! hat es keine Pop-Band mehr gegeben, die ihre eigenen Songs geschrieben und ihre eigene Meinung vertreten hat.«

In den Jahren zuvor waren die britischen Charts unter anderem von den Hits des Produzenten- und Songwritertrios Stock/Aitken/Waterman geprägt gewesen. Diese drei geschäftstüchtigen Notensetzer schickten gleich scharenweise junge, ansehnliche Möchtegern-Stars mit oft etwas dünnen Stimmen ins Rennen um die Charts. Ihre leichtverdaulichen Melodien und die austauschbaren Texte waren in schnellebige Arrangements zwischen Dancefloor und Schmuseecke verpackt, so daß das Trio mit der reichlich beliebigen, meist tanzbaren und immer melodischen Dutzendware ein ums andere Mal ins Schwarze traf.

»Leute wie Stock, Aitken und Waterman«, wetterte Tony dann auch, »behaupten, sie hätten das endgültige Rezept für erfolgreichen Pop gefunden. Der Haken daran ist nur: Es gibt kein solches Rezept. Ich bin heute 21 Jahre alt – und fühle mich immer noch als Jugendlicher. Und wenn ich irgendwo in einen Pub gehe oder sonst irgend etwas völlig Banales tue, denke ich mir: ›Wahrscheinlich tun die meisten anderen Jugendlichen die meiste Zeit über kaum etwas anderes als ich.‹ Also müssen die meisten Jugendlichen East 17 zwangsläufig mögen – wir sind wirkliche Menschen, keine Kunstprodukte. Wir können uns ohnehin nicht zu eindimensionalen Charakteren, zu allseits beliebten Figuren verbiegen – also: drauf gepfiffen!«

Während ihrer ersten Tour trat East 17 an 15 englischen Schulen auf.

Und die Walthamstower pfiffen überaus erfolgreich. Nach dem gelungenen Einstand mit ihrem Debüt im August 1992 ließ der zweite Hit nicht lange auf sich warten. Schon im November '92 erschien mit »Gold« die zweite Single, und die vier Jungs landeten damit ihren zweiten Volltreffer. Der Titel wurde kommerziell ein ähnlich großer Wurf wie »House Of Love«. Zum zweiten Mal erreichten sie Platz eins in den israelischen Charts; in Schweden (Platz zwei) und in Finnland (Platz drei) kletterte die Single bis in die Top Five.

East 17 auf »Skool-Tour«

Inzwischen hatte East 17 offenbar auch die Startschwierigkeiten überwunden, die der Band das erste Konzert in Bristol noch vermiest hatten – Tony, Terry, John und Brian starteten ihre erste größere Tournee. East 17 hatte sich für Gratiskonzerte in insgesamt 15 Schulen angekündigt und sorgte im Winter 1992 unter zahlreichen englischen Schulmädchen für reichlich Aufregung. Einige der weiblichen Fans sollen sich sogar krank gemeldet haben, um ihre Idole aus nächster Nähe zu erleben, wenn sie mit ihrem kleinen Tourbus auf dem Schulgelände eintrafen. Hinterher waren sich die meisten Zuschauer einig: Die East-17-Schultournee hatte den Rummel, den sie ausgelöst hatte, allemal verdient.

Vor allem die 15jährige Nena dürfte sich später mit leuchtenden Augen an eines der Konzerte in England erinnert haben. Nena war die Siegerin eines Preisausschreibens und durfte in der Orton Longueville School in Peterborough nach dem Eröffnungsstück »House Of Love« zu East 17 auf die Bühne, um den Jungs stellvertretend für alle anwesenden Fans einige Fragen zu stellen. BRAVO berichtete im Dezember 1992: »Nena wollte als erstes von Brian wissen, ob er eine Freundin hat. Als dieser verneinte, flippten die weiblichen Fans völlig aus. Die nächste Frage, ob er sich für sexy hält, beantworteten ihm seine Fans mit anerkennenden Pfiffen und ohrenbetäubendem Getrampel.«

Überall auf der »Skool-Tour« wurde East 17 mit ähnlicher Begeisterung empfangen, mit ähnlichem Jubel für jeden Song gefeiert und hinterher regelrecht gejagt – besonders von den weiblichen Fans, die unbedingt ein Autogramm, ein Lächeln oder eine kleine Berührung von ihren Stars ergattern wollten. Nicht selten endeten die Konzerte in kleinen Tumulten: Die Mädchen drückten die Bühnenabsperrungen zur Seite und verfolgten Terry, John, Tony und Brian bis zum Bus, wo die Jungs schließlich doch noch Autogramme bis zum Abwinken schreiben mußten.

Charts-Erfolge rund um den Globus

Als sie Anfang 1993 ihren ersten langsamen Song veröffentlichten, die Ballade »Deep«, übertrafen sie damit alle bisherigen Erfolge. Die Single schnellte in den britischen Charts gleich in der ersten Woche nach der Veröffentlichung in die Top Ten, und auch die deutschen Fans bescherten dem Londoner Quartett ansehnliche Verkaufszahlen. Kein Wunder: »Deep« zelebrierte Romantik pur – und nicht nur die Zeitschrift BRAVO zeigte sich von Tonys einfühlsamen Reimen beeindruckt: »Ich möchte dich von Kopf bis Fuß küssen und in deine Seele reisen.«

Zum Glück war der Titel der Single auch im übrigen Ausland kein schlechtes Omen: Nicht tief, sondern im Gegenteil sehr hoch plazierte sich der dritte Wurf von East 17 auch international. Insgesamt wurden aus zwölf

Ländern gute Plazierungen gemeldet. So erreichten John Hendy, Brian Harvey, Tony Mortimer und Terry Coldwell unter anderem die Top Ten in Hongkong, Australien, Irland und Israel. A propos Israel: Zwischen Haifa im Norden und Eilath im Süden schien sich eine besonders treue East-17-Fangemeinde gebildet zu haben. Denn nach ersten Plätzen für die Singles »House Of Love«, »Gold« und »Deep« feierte das Quartett auch mit den Hits »Slow It Down« (die vierte Nummer eins in Folge) und »West End Girls« (Platz zwei) große Erfolge in Nahost.

Ganz nebenbei brachen die sympathischen Jungs aus dem Londoner Osten ein ungeschriebenes Gesetz der Pop-Branche, demzufolge drei Single-Auskopplungen aus einem veröffentlichten Album als Grenze gelten, von der an die Verkaufszahlen je Single deutlich nachlassen. Die Fans, so hieß es immer, würden danach lieber auf das

In aller Welt stürmten die East-17-Jungs die Charts – und auch begehrte Musikpreise wie der MTV-European-Award wurden ihnen verliehen.

Nach den ersten Charts-Erfolgen sollten auch die deutschen Fans die explosiven Shows der Band bestaunen können.

neue Album warten, statt sich häppchenweise immer neue Songs einer CD vorlegen zu lassen, die sie längst »am Stück« zu Hause stehen haben. East 17 ließen insgesamt fünf Singles aus »Walthamstow« auskoppeln und konnten sich jedesmal über glänzende Umsätze und insgesamt rund drei Dutzend (!) Top-Ten-Plazierungen zwischen Deutschland und Irland, Hongkong, Australien, Finnland und – ja, richtig – Israel freuen.

Warum das so war? Zum einen hatten viele Songs des brillanten Erstlings genug Substanz, um ins Rennen um Charts-Plazierungen zu gehen. Zum anderen hatten sich die Band und ihr Management stets große Mühe gegeben, die einzelnen Singles nicht nur als billige Zweitverwertung von bekanntem Material auf den Markt zu werfen, sondern sie zu wahren Sammlerstücken aufpoliert. Gleich auf der ersten Single fanden sich beispielsweise immerhin vier unterschiedliche Versionen von »House Of Love« – obendrein mit witzigen Namen wie »Pedigree Mix« (hat da Levis Futterlieferant als Sponsor im Hintergrund die Fäden gezogen?) oder »Son Of A Bitch Mix«. Und wer »It's Alright« noch einmal als CD-Single erwarb, wurde mit zwei »Power Mixes« von den Soundtüftlern des Power Syndicates sowie einer trancehaften Version und einem ziemlich cool klingenden »U.S. Style Swing Mix« belohnt.

Flugangst und Lobeshymnen

Die internationalen Erfolge bescherten den Londoner Jungstars nun auch die ersten Flugerfahrungen – was nicht nur Freude bei ihnen auslöste. Vor allem John und Brian wirkten ziemlich geschafft, als sie im Dezember 1992 mit etwas wackligen Beinen aus dem Flugzeug stiegen, das sie von London nach München gebracht hatte. »Kaum zu glauben«, sagte John zum BRAVO-Reporter, »aber wir haben tatsächlich zum allerersten Mal so einen Vogel betreten. Der Start, wenn es dich so in deinen Sitzplatz reinhaut, das ist der absolute Wahnsinn!« Und Brian fügte etwas blaß hinzu: »Bei der Landung eben war's mir allerdings schon etwas mulmig ...«

Doch selbst die Angst vorm Fliegen konnte die vier Briten nicht daran hindern, die deutsche Jugendpresse im Sturm für sich zu gewinnen. Nach ihrer Stippvisite hagelte es Lobeshymnen für das sympathische Quartett aus Walthamstow. In Großbritannien hatte East 17 die Journalisten der Musikmagazine ohnehin schon längst für sich eingenommen. Die britischen Musikzeitschriften schätzten vor allem das unkomplizierte und humorvolle Auftreten der Jungs, wenn sie sich mit Reportern zu Interviews trafen. Als sie zum Beispiel einen Mitarbeiter des Pop-Magazins SMASH HITS zum Eisessen und auf den Rummel mitnahmen, wurde daraus ein spaßiger Bericht über einen ziemlich ausgeflippten Nachmittag mit ziemlich ausgeflippten Straßenkids. »Diese Burschen«, war in der Zeitschrift später zu lesen, »stopften alles mögliche in sich hinein – sie konnten sich kaum entscheiden, was sie sich zuerst einverleiben sollten.« Und Terry wurde wie folgt zitiert: »Nein, nein – ich bin nicht auf Diät. Ich esse alles!«

Ein inszeniertes Duell der Popstars: East 17 gegen Take That

Die englischen Musikzeitschriften hatten mittlerweile ein neues Lieblingsthema entdeckt: In langen Artikeln zelebrierten sie eine erbitterte Feindschaft zwischen East 17 und Take That. Die Rollen waren klar verteilt. Die Mitglieder von Take That übernahmen in diesem Spiel den Part der Schmusejungs, die gerne Soul hörten und Pop spielten. East 17 war die Band, die den Pop von Bands wie Take That gern hörte, aber selbst eine eher härtere, weniger leicht verdauliche Gangart bevorzugte.

Kurz und gut: Take That und East 17 waren die idealen Gegner in einem – vor allem in den internationalen Hitparaden geführten – Schlagabtausch zwischen »gut« und »besser«.

Doch die Londoner Boys winkten ab: »Alles Quatsch!« meinte John Hendy etwas gereizt zum Magazin POPCORN, als er zum wiederholten Mal auf die vermeintliche Rivalität der beiden erfolgreichen Teenie-Bands angesprochen wurde. Und Terry fügte hinzu: »Wir haben die Jungs neulich auf einer Party getroffen und uns ganz nett mit ihnen unterhalten. Wir sind nicht gerade Blutsbrüder, aber wir kommen gut miteinander klar.«

Wie auch immer: East 17 war nicht ganz unschuldig an dieser aufgebauschten Geschichte um eine vermeintlich tiefgreifende Feindschaft zwischen beiden Bands. Gleich zu Anfang ihrer Karriere hatte Tony, einmal in Fahrt gekommen, im Gespräch mit dem britischen Musikjournalisten Simon Williams nicht nur einen Rundumschlag gegen Plastik-Pop-Produzenten wie Stock/Aitken/Waterman und andere gelandet, sondern auch gleich die Jungs von Take That als Beispiel für Fehlentwicklungen in der Musikszene genannt.

Vorbilder für das inszenierte Duell von East 17 und Take That

Die wohl bekannteste Rivalität im Popgeschäft datiert aus den 60er Jahren – zwischen den Beatles und den Rolling Stones. Auch damals profitierten beide Seiten davon. Nachdem John Lennon, Paul McCartney, George Harrison und Ringo Starr von 1962 an mit ihrem für damalige Verhältnisse ungewöhnlich rauhen Sound die Hitparaden erobert hatten, kam in London ein findiger Manager auf die Idee, das Rezept der Beatles noch konsequenter nachzukochen, um damit ähnlich große Erfolge wie die Fab Four zu feiern. So traten die Rolling Stones als Gegner der Beatles in den Charts-Ring.

In Wirklichkeit gute Freunde

Und plötzlich waren die Liverpooler Beatles die »guten Buben«, und die Stones traten als Rebellen gegen sie an. Die Beatles verarbeiteten in ihren Songs zwar Einflüsse aus Rhythm & Blues und Rock 'n' Roll, arrangierten das Resultat aber insgesamt gefällig genug für ein breites Publikum. Die Rolling Stones dagegen prägten ihre Stücke noch stärker durch Stilzitate aus Blues und Rhythm & Blues und nahmen den Songs vor allem im Studio nicht die Ecken und Kanten einer rauhen Live-Version. Sogar im Outfit grenzten sich die beiden Bands sorgfältig voneinander ab: Während die Beatles in kragenlosen Anzügen und mit sorgfältig gestriegelten Pilzkopf-Frisuren (vorne ein zahmer Pony, Ohren und Hemd-

kragen ansatzweise bedeckt) vor Fans und Kameras traten, ließen sich die Rolling Stones in schlechter sitzenden Klamotten und mit längeren Haaren (insgesamt vielleicht ein, zwei Zentimeter mehr ...) feiern.

Erst später stellte sich heraus, daß die auch in Interviews gerne und häufig gepflegte Rivalität der beiden erfolgreichsten britischen Bands nur ein clever ausgeklügeltes Scheingefecht war. Vor allem Stones-Sänger Mick Jagger »outete« sich Mitte der 60er Jahre als glühender Verehrer der Beatles. Immer wieder wurde er bei TV-Auftritten des Liverpooler Quartetts unter den begeisterten Zuschauern gesichtet, und sogar im Studio schaute Jagger den Fab Four gelegentlich interessiert über die Schulter.

Laut, lauter, am lautesten ...

In den 70er Jahren versuchten zwei amerikanische Bands ein ähnliches Spiel – allerdings war nicht mehr die »bessere« oder »rebellischere« Musik gefragt, sondern die größere Lautstärke. Immer wieder ließen die Hardrock-Gruppen Kiss und Aerosmith für ihre Konzerte eindrucksvolle Boxenstapel auftürmen, die Regler der Verstärkeranlage bis zum Anschlag aufdrehen und Lautstärke-Messungen durchführen. Abwechselnd bezeichnete sich dann die eine oder die andere Formation voller Stolz als »die lauteste Band der Welt«. Inzwischen sind beide Gruppen über diesen Kinderkram hinweg, haben ein erfolgreiches Comeback hinter sich, verzichten auf gegenseitige Bissigkeiten und spielen in erster Linie richtig gute Musik. Schon deshalb bleibt zu hoffen, daß das einstige Phon-Duell keinen der Fans das Gehör gekostet hat.

»Wir sind nicht gerade Blutsbrüder«, sagte Terry einmal über Take That, »aber wir kommen gut miteinander klar.«

»Da kommt irgend jemand daher«, wurde er später im NEW MUSICAL EXPRESS zitiert, »und stellt eine Band wie Take That zusammen – aus Leuten, die sich vorher nicht einmal gekannt haben.«

Später heizte East 17 den (tatsächlichen oder eingebildeten?) Streit, von dem beide Bands letztendlich profitierten, noch zusätzlich an. Terry sagte zwar im Februar 1995 zu BRAVO: »Wir haben ein gutes Verhältnis zueinander. Es gibt keinen Neid oder gar Haß.« Aber Brian zeigte sich schon etwas weniger begeistert von den prominenten Kollegen: »Ich verstehe nicht, daß wir immer mit Take

That verglichen werden. Wir tanzen anders, tragen andere Klamotten, sind völlig andere Typen – und wir haben weltweit mehr Platten verkauft als Take That.« Tony schließlich meinte etwas abfällig: »Sie haben ihren Stil, wir unseren. Ihre Show mit den Tänzerinnen und Kostümwechseln erinnert ja beinahe schon an eine Kabarettshow. Wir sind keine Glamourboys, sondern toughe Straßenjungs.«

Mitte November las sich das Ganze dann schon ziemlich bissig. Nachdem die britischen Musikzeitschriften East-17-Mitglieder mit Bemerkungen zitiert hatten, die Jungs von Take That hätten ihre Platten in den USA wohl selbst gekauft, um auf die offiziellen hohen Umsatzzahlen zu kommen, meinte Brian – erneut zu BRAVO – nur: »Dazu stehen wir! Seit Robbie weg ist, hat die Gruppe keine Zukunft mehr. Robbie war der beste Mann. Wir können alle viel bessere Songs schreiben als dieser Gary Barlow.«

Im Lauf der Jahre blieben die Kollegen von Take That natürlich nicht die einzigen Konkurrenten der »Straßenjungs«. Auch zu den Pet Shop Boys, dem britischen Duo, wurde ihnen eine innige Abneigung angedichtet. 1992 hatte die deutsche Plattenfirma von East 17 in einem Pressetext die Meldung verbreitet, daß Terry Coldwell, Brian Harvey, John Hendy und Tony Mortimer absolute Pet-Shop-Boys-Hasser seien. Doch so fürchterlich kann ihre Abneigung gegen das erfolgreiche britische Pop-Duo Neil Tennant und Chris Lowe letztlich doch nicht gewesen sein – 1993 nahmen sie mit »West End Girls« ausgerechnet die Cover-Version eines Pet-Shop-Boys-Hits auf. Noch etwas hat East 17 von den Pet Shop Boys übernommen, über das die Band sich wohl nicht beklagen wird: Wie früher Tennant und Lowe (und zwischendurch auch die mittlerweile wieder in der Versenkung verschwundene Pop-Band Bros) wird East 17 inzwischen vom Szene-Kenner Tom Watkins als Manager vertreten.

Voller Terminkalender, begeisterte Fans: East 17 auf Tour in Großbritannien

Die zweite Tournee, die East 17 nach der begeistert aufgenommenen »Skool-Tour« durch ihr Heimatland Großbritannien führte, begann am 27. März 1993. Brian, John, Tony und Terry hatten die Rundreise unter ein eigenwilliges Motto gestellt: »Putting Walthamstow On The Map« hieß die Tour ... Vor dem Auftaktkonzert hatten sie sich ein lustiges Logo produzieren lassen: Zu sehen war die inzwischen bekannte Comic-Variante von Johns Hündin Levi mit fetziger Sonnenbrille, ihr Bauch war mit einem Ausschnitt der Londoner Stadtkarte bedruckt – Walthamstow.

Für East 17 bedeutete die Tour zwar am Ende einen sehr großen Erfolg – aber die vier Jungstars waren zu geschlaucht, um ihn richtig genießen zu können. Etwa eineinhalb Wochen lang waren sie in einem gemieteten Kleinbus (in dem übrigens auch Michael Jackson schon einmal gesessen hat, als er zu einem Konzert in London gebracht wurde) von Stadt zu Stadt gezuckelt. Das Newcomer-Quartett benutzte das enge Gefährt nicht nur zum Sitzen: Gelegentlich übernachteten die Musiker zwischen zwei Auftritten auch darin – hinter verdunkelten Fenstern. Draußen kritzelten weibliche Fans mit Lippenstift ihre Telefonnummern samt eindeutigen Angeboten auf die Karosserie, ohne zu ahnen, daß die begehrten Junggesellen direkt hinter ihrer »Schreibfläche« friedlich schliefen ...

Von frühmorgens bis spät in die Nacht gab's für East 17 während dieser Tournee nur Streß pur: Interviews, Fototermine, Telefonaktionen und TV-Auftritte ließen den Terminkalender der vier beinahe platzen. Wenn die Jungs dann Abend für Abend gegen 21 Uhr auf die Bühne

John hat von den vier East-17-Jungs das coolste Image.

Steckbrief

Name: John Darren Hendy
Geburtstag: 26. März 1971
Geburtsort: Barking (London)
Größe: 1,75 Meter
Haarfarbe: blond
Augenfarbe: blau
Vater: Bernie Hendy, Vertreter
Mutter: June, Hausfrau
Geschwister: Karyn (ein Jahr älter),
Stiefbruder Dean,
Stiefschwester Charlen

Tony ist privat ein ernsthafter, beinahe introvertierter Typ.

Steckbrief

Name: Anthony Michael Mortimer
Geburtstag: 21. Oktober 1970
Geburtsort: Stepney (London)
Größe: 1,83 Meter
Haarfarbe: hellbraun
Augenfarbe: grün
Vater: Timothy Mortimer, Zimmermann
Mutter: Geraldine Mary, Hausfrau
Geschwister: eine Schwester, Bruder Ollie (der 1990 Selbstmord beging)

Brian ist der absolute Mädchenliebling in der Band.

Steckbrief

Name: Brian Lee Harvey
Geburtstag: 8. August 1974
Geburtsort: Walthamstow (London)
Größe: 1,62 Meter
Haarfarbe: braun
Augenfarbe: blau
Vater: Ian Harvey, Elektriker
Mutter: Pauline, Hausfrau
Geschwister: die Schwestern Neeley, Hayley und Sadir, später kamen mit Tommy und Paul noch zwei Stiefbrüder aus der zweiten Ehe seiner Mutter dazu

Terry ist nicht besonders redselig.

Steckbrief

Name: Terry Mark Coldwell
Geburtstag: 21. Juli 1974
Geburtsort: London
Größe: 1,73 Meter
Haarfarbe: braun
Augenfarbe: braun
Vater: Terry Coldwell, Vorarbeiter
Mutter: Carol, Sekretärin
Geschwister: Vicky

sprangen, um ihre schweißtreibende Ein-Stunden-Show abzuziehen, dürften sie das fast schon als Erholung genossen haben.

Erst am 5. April war Feierabend – aber nur für ein paar Tage. Am 23. April brachen Tony, John, Brian und Terry schon zur nächsten Tournee auf: Malaysia, Singapur, Hongkong, Taiwan, Japan, Australien und Neuseeland hießen die Länder, in denen sie bis zum 10. Mai Station machten und bejubelt wurden.

1993 ließ sich East 17 rund um den Globus von den Fans für sehenswerte Live-Shows feiern.

Für die erhoffte Karriere in Deutschland legte sich die Band mächtig ins Zeug.

Eine peinliche Panne zum Karrierestart in Deutschland

Auch in Deutschland hatte sich East 17 längst eine große und treue Fangemeinde erspielt. Schon Ende 1992, nachdem die »Skool-Tour« gezeigt hatte, welches Potential auch live in dieser Band steckte, wollte das Management den Versuch unternehmen, Terry, Tony, John und Brian auch in Deutschland groß rauszubringen. Immerhin galt die Bundesrepublik schon damals als wichtigster (weil umsatzträchtigster) nationaler Markt auf dem europäischen Festland. Branchenkenner schätzten das deutsche Publikum damals – neben dem amerikanischen und dem japanischen – sogar als eine der drei bedeutendsten Fangemeinden der Welt ein. Dementsprechend wichtig nahmen die East-17-Manager den Trip nach »good old Germany« dann auch.

Nach kurzer Zeit waren die Briten voll des Lobes über Deutschland. »Wir«, plauderten sie im BRAVO-Interview munter drauflos, »sind ja zum ersten Mal aus Walthamstow rausgekommen und müssen zugeben: Die Deutschen werden ihrem Ruf, sie seien Saubermänner, voll gerecht. Überall blitzt es, und nirgendwo liegt Müll rum. Und die Leute sind furchtbar höflich hier, aber auch ein bißchen steif.«

Wenig später fügten John und Brian in einer Mischung aus typisch britischem Understatement und jugendlicher Begeisterung hinzu: »Weißt du, wir vier kommen aus Walthamstow, und wir haben unsere Nase noch nie weit aus London herausgestreckt. Wir sind richtige Hinterwäldler, wenn du so willst. Aber jetzt wird alles anders. Jetzt sind wir Popstars, wir wissen vor lauter Promotion-Terminen gar nicht mehr, wo wir zuerst hinjetten sollen. Jetzt lernen wir die Welt kennen ...«

Doch wie schon die Live-Karriere der Band in England, begann auch das Unternehmen Deutschland für das Londoner Quartett mit einer handfesten Pleite. Im Dezember 1992 sollte in der Diskothek »Flic-Flac« in Gerlingen bei Stuttgart der erste Auftritt der Band auf deutschem Boden stattfinden. Das Konzert fand tatsächlich statt, und die Fans feierten East 17 für ihre Songs überschwenglich. Nur – John Hendy war unerwartet zu einem freien Abend gekommen. Der Veranstalter, so wurde hinterher berichtet, habe vergessen, ein Keyboard zu besorgen – und damit war John an diesem Abend »arbeitslos«. Also saß er während der Show seiner drei Freunde am Bühnenrand und schaute sich die hübschen Mädchen im Publikum an ...

Aus der Karriere in Deutschland ist dann schließlich doch noch etwas geworden. Und schon für die am 26. Mai 1994 in Bielefeld beginnende Tournee durch die Bundesrepublik war der Andrang so groß, daß die Londoner ihren Deutschland-Trip ausweiten mußten und zum Beispiel am 6. Juni in Essen ein Zusatzkonzert gaben. In Berlin zog East 17 in eine größere Halle um, weil nur die dortige Deutschlandhalle den plötzlichen Ansturm der Fans bewältigen konnte.

Jubelnde Fans im Rotlichtviertel

Diesen steilen Aufstieg vom Geheimtip zum unumstrittenen Top-Act hatte East 17 – neben zahlreichen Ohrwurm-Hits in den deutschen Single-Charts – auch Auftritten wie dem im Hamburger Live-Club »Dock's« zu verdanken, der im Winter 1992/93 kurz nach dem wenig ruhmreichen Stuttgarter Debüt für Furore sorgte. Diesmal durfte sich auch John mit Tony, Terry und Brian von den begeisterten

»St. Pauli ist toll!« Nach einem Reeperbahn-Bummel kurz vor dem Hamburger Konzert waren die Jungs schwer beeindruckt.

deutschen Fans bejubeln lassen. Rund 2000 gutgelaunte Zuschauer hatten sich im »Dock's« im Hamburger Rotlichtviertel Reeperbahn versammelt und den ganzen Abend über zu Songs der damals sehr erfolgreichen Pop-Acts Paris Red und Undercover heißgetanzt.

Als gegen ein Uhr nachts endlich East 17 auf der Bühne erschien, bewährte sich ein witziger Gag, den sich die vier Londoner Hundenarren hatten einfallen lassen: Vor dem Auftritt des Quartetts waren an alle Fans kleine, lustige Levi-Masken aus Pappe verteilt worden. Zur Be-

Die Hamburger Fans bewarfen East 17 aus lauter Begeisterung mit Levi-Pappmasken.

grüßung johlten Tony, Terry, Brian und John nun 2000 begeisterte Levi-Doubles entgegen. Beinahe wäre die Idee allerdings ins Auge gegangen. Denn kaum waren die Fans durch die ersten Töne von East 17 außer Rand und Band, begannen einige aus lauter Begeisterung, die Levi-Pappmasken zu ihren Idolen auf die Bühne zu werfen – und schon machten Hunderte andere johlend mit. Oben im Rampenlicht hatten Tony, John, Brian und Terry alle Hände voll zu tun, sich vor den gutgemeinten (und zum Glück nicht sehr harten) Wurfgeschossen zu schützen.

Die prächtige Stimmung in der Halle konnte das freilich nicht trüben. Schon nach dem ersten Song – »House Of Love« – zeigte sich, daß East 17 mit ihrer mitreißenden Live-Show alle Erwartungen erfüllte, die die zahlreichen Fans an sie stellten. Na ja, jedenfalls fast alle Erwartungen: Einige der weiblichen East-17-Anhänger hatten sich wohl weitergehende Hoffnungen gemacht ... Schon am Nachmittag, als der Soundcheck vor dem Konzert beendet war, mußten sich Terry, Tony, John und Brian regelrecht durch eine Traube kreischender Mädchen kämpfen. Hier ein Autogramm, da ein Küßchen. Auf dem Weg zurück ins Hotel zogen John und Brian ein Päckchen Kondome aus dem Automaten. Kommentar der beiden: »Sicher ist sicher.« Da hatten sie auch wieder recht. Die Chance, die berühmte Hamburger Reeperbahn einmal unter die Lupe zu nehmen, ließen sich die Briten übrigens auch nicht entgehen. Sie amüsierten sich prächtig, bevor sie sich vor ihrer Show noch einmal zwei Stunden im Hotel ausruhten.

Das begeisternde Konzert hatte übrigens einen ernsten Hintergrund. Die Allgemeine Ortskrankenkasse in Hamburg hatte das Pop-Spektakel gemeinsam mit dem ortsansässigen OK RADIO und der Hamburger Ausgabe der Stadtzeitschrift PRINZ unter dem Motto »Get Fresh!« veranstaltet, um zu demonstrieren, wie gut man auch ohne

Alkohol drauf sein kann. Den Beweis dafür erbrachten neben East 17 und Kollegen auch einige professionelle Barmixer, die raffinierte Cocktails über die Theke reichten – alkoholfrei, versteht sich.

Der hübschen Katja aus Hamburg war wahrscheinlich auch ohne Alkohol leicht schwindelig geworden – sie dürfte sich besonders gern an den Auftritt der Band im »Dock's« erinnern. Jedenfalls war sie noch immer einigermaßen aus dem Häuschen, als sie einen Schnappschuß von sich (mit einem lächelnden Brian in den Armen) an die Zeitschrift BRAVO schickte und das Treffen im beigefügten Brief beschrieb: »Wir waren mit den vier echt sympathischen Jungs aus London backstage! Alle waren total aufgeschlossen und überhaupt nicht überheblich, wie vielleicht einige denken. Wir haben viel gelacht. Nach dem Auftritt gingen wir dann alle zu Fuß über die Reeperbahn in Richtung Hotel. Die Jungs staunten nicht schlecht über die ganzen Sex-Shops und Spielhallen. Im Hotel feierten wir dann noch ausgelassen.«

Sammler-Mützen und Tattoos: Nicht nur Kleider machen Leute

Für die Fotografen der Teenie-Magazine gab es mit den Jungs von East 17 neue, lohnende Motive. »Alle Boys«, berichtete zum Beispiel BRAVO im November 1992 staunend, »tragen dicke Silberketten mit zwei Anhängern – auf dem einen der obligate Bullterrier, auf dem anderen die Zahl 17.«

Auch der Rest ihres Outfits erregte Aufsehen. Auf der Bühne stülpte Tony gerne das Unterhemd mit den Trägern nach unten über die Hose. Zu Interviews erschienen Brian Harvey, Tony Mortimer, John Hendy und Terry Coldwell vier jungen Briten in Hemden mit Riesenkaro-Muster, in Army-Westen, Kapuzenpullovern, übergroßen Schlabberhosen, aus denen die Gürtel lose baumelten, und Leisetretern mit weichen Gummisohlen, die meterlangen Schnürsenkel als ständige Stolperfalle hinter sich her ziehend.

»Alle unsere Klamotten«, erklärte Tony BRAVO damals, »haben wir billig auf Flohmärkten und in flippigen Secondhand-Boutiquen in London erstanden. Obwohl wir keine Rapper sind, sind wir doch richtige Straßenkids mit einer ähnlichen Einstellung.« Und die sah laut BRAVO-Interview vom Dezember '92 so aus: »Die teuren Designer können mit uns kein Geld verdienen, wir stehen nämlich auf Secondhand-Mode. Wenn wir am Wochenende Zeit dafür haben, stöbern wir auf Flohmärkten nach witzigen Westen, Hosen oder Hemden. Da bekommt man die tollsten Sachen, man muß nur etwas Geduld haben. Den einzigen Luxus leistet sich John mit seinen Mützen aus Fleecestoff. Die läßt er sich von einem Kumpel anfertigen. Er haßt es, wenn es eine Mütze zweimal gibt. Er will nur Unikate.«

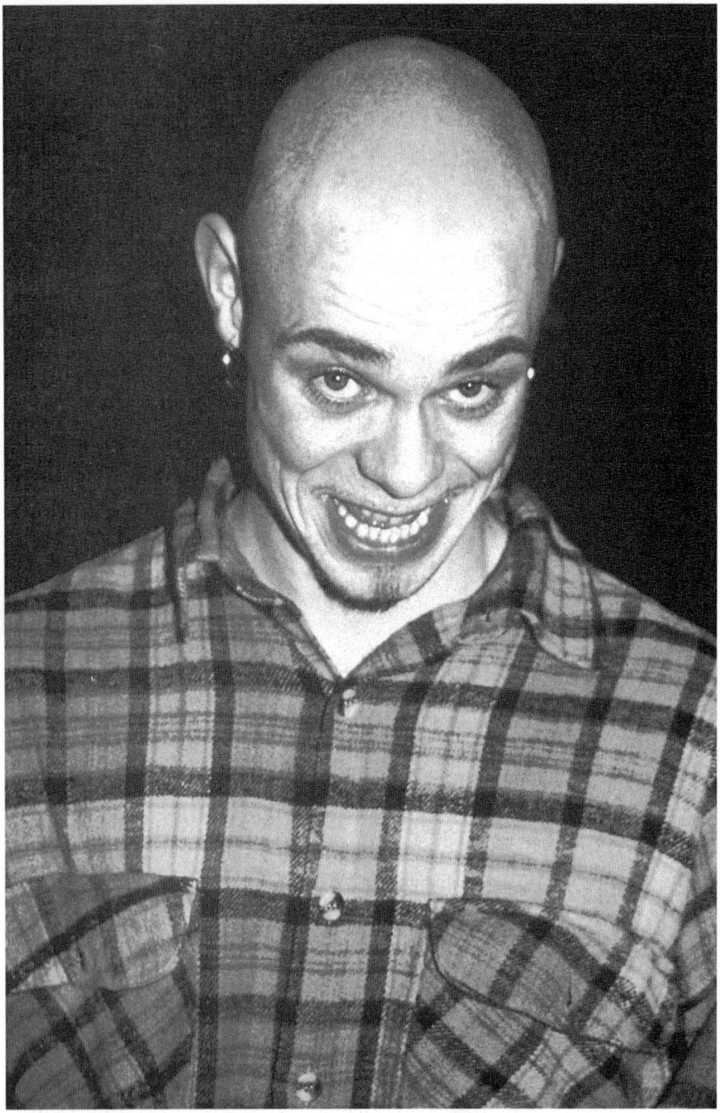

Brian »oben ohne« – und alles nur, weil Tony 1994 ein bißchen mit seiner Haarschneidemaschine gespielt hatte ...

Kein Wunder: Unikate waren schließlich auch die vier Jungs selbst. Und bald wurden sie noch markanter – von Herbst '94 an konnten sie Kamm und Bürste verschenken und sich statt dessen mit Poliertuch und Hautcreme »frisieren«. Tony im Oktober zu BRAVO: »Ich gebe zu – es ist meine Schuld, daß wir jetzt alle oben ohne sind. Es passierte in der letzten Septemberwoche in einem Hotel in Hamburg. Ich spielte mit meiner Haarschneidemaschine und schnippelte damit an meinen Haaren herum. Immer ein bißchen mehr – bis ich plötzlich wie ein explodierter Kaktus aussah. Die anderen haben sich gebogen vor Lachen. Es blieb mir also nichts anderes übrig, als alle Haare abzurasieren. Terry und Brian hatten plötzlich auch Lust dazu und fanden es total witzig, sich mal völlig zu verändern.« Als in einem Interview der Einwand fiel, auch Robbie Williams von der Konkurrenzband Take That sehe ähnlich aus, brauste Brian sofort auf: »Wir und abgekupfert? Der hat seinen Look höchstens von John abgekupfert, denn John hat ja schon länger eine Glatze als er.«

Auch in puncto Klamotten ließen die Walthamstower damals kaum ein gutes Haar an den Kollegen. »Die Mitglieder von Take That«, spottete John, »müssen wohl so oft die Garderobe wechseln, weil sich die Leute sonst langweilen. Klar, auch wir ziehen uns um, aber wir tragen immer Streetwear und Baggie Clothes. Das ist cooler und normaler. Wir sind keine Models mit den immer gleichen Tanzschritten.«

Angesagt war das Outfit der vier dennoch – besonders die aufwendigen Tattoos erregten die Aufmerksamkeit der Fans. »Den Drachen auf meinem Arm«, erzählte John zum Beispiel, »hab' ich mir in Walthamstow machen lassen, als ich 16 war. Terry und Brian haben sich Stammeszeichen einritzen lassen.«

Klamotten-Hypes, die in die Hose gingen ...

Immer wieder setzen Newcomer auf ausgeflippte Klamotten als besonderes Erkennungszeichen. Aber nicht immer geht die Rechnung auf, nach der ein auffälliges Outfit erst Schlagzeilen und dann automatisch auch eine steile Charts-Karriere sichern soll.

... Kris Kross trugen vor ein paar Jahren ihre Jeans verkehrt herum. Es reichte zu einem Hit, danach war zunächst Schluß. Erst Anfang 1996 tauchte das Duo wieder mit umgedrehten Hosen in den Charts auf.

... Haysi Fantayzee stellten sich Anfang der 80er Jahre aus ramponierten Kleidern, Hosen und Hüten aus Opas und Omas Giftschrank extravagante Bühnenkostüme zusammen und waren für kurze Zeit mit durchschnittlichem Pop in den Hitparaden vertreten. Inzwischen ist nur ihr Kleidungsstil wieder in die Charts zurückgekehrt: Die Rednex erinnern in ihrer Aufmachung auffallend an das längst vergessene Duo.

Klamotten-Hypes, die in Mode kamen ...

Besser machten es da schon folgende Gruppen, die sich nicht nur auf ihre Klamotten verließen, sondern über einen längeren Zeitraum genügend gute Songs veröffentlichten, um sich in den internationalen Charts zu etablieren – und dadurch dann doch einen Klamotten-Kult auslösten ...

... The Bay City Rollers machten sich in den 70er Jahren einen Spaß daraus, sich ausschließlich in Hochwasserhosen mit fürchterlichen Schottenkaros zu zeigen. Erst trösteten die eingängigen Hits der Pop-Band über das gewöhnungsbedürftige Outfit hinweg – und schließlich liefen Tausende von Fans ähnlich gekleidet herum.

... The Lords zählten in den 60ern zu den erfolgreichsten deutschen Beatbands und blieben den Fans außer durch ihren Hit »Poor Boy« auch durch die bonbonfarbenen Rüschenhemden in Erinnerung, die sie auf der Bühne trugen.

1992 ging's East 17 an die Wäsche

Das britische Jugendmagazin SMASH HITS ging im Oktober 1992 dem Outfit der East-17-Jungs auf den Grund: Die englischen Zeitschriften-Macher wollten alles über die Unterhosen wissen, die Brian und Terry gewöhnlich trugen. »Ich stehe auf Boxershorts«, verriet Terry, »weil ich ständig tanze und locker sitzende Unterwäsche mir ein Gefühl von zusätzlicher Freiheit vermittelt. Die Shorts, die ihr hier in eurer Zeitschrift zeigt, habe ich getragen, als wir das Video zu unserer neuen Single ›Gold‹ aufnahmen.« Brian hatte zum Interview ein »historisches Stück« mitgebracht. »Diesen Slip habe ich während meines ersten Rendezvous' mit meiner ersten richtigen Freundin getragen – aber mehr verrate ich zu diesem Thema nicht.«

Tony zeigte eine lange Unterhose und meinte dazu: »Die hatte ich an, als wir unserem heutigen Manager zum ersten Mal vorspielen durften – das sind sozusagen meine East-17-Glücksunterhosen. Also habe ich sie auch angezogen, als wir zum ersten Mal in der TV-Sendung TOP OF THE POPS auftraten.« John schließlich erklärte sein Faible für eher konventionelle Slips so: »Ich bin wohl ein Gewohnheitstier. Inzwischen würde ich mich in einer anderen Art von Unterwäsche gar nicht mehr wohl fühlen.«

Die Wertung des Experten

Das Magazin bemühte sogar eigens einen nicht namentlich genannten »Hosen-Experten« zur psychologischen Deutung der ermittelten Details. Dessen Kommentar …

… zu Terrys Boxershorts: »Sehr zuverlässige, unverfängliche Shorts. Das zeigt, daß Terry gern dazugehört,

»Johns Unterhose zeigt, daß er zwar gern im Rampenlicht steht, sich aber manchmal auch von all dem Rummel zurückziehen will.«

ohne sich aber allzu weit für irgend etwas aus dem Fenster lehnen zu wollen. Ich glaube, daß Kritik an seinem Selbstbewußtsein kratzen würde und ihn leicht aus der Bahn werfen könnte. Deshalb hält er sich meistens etwas bedeckt.«

... zu Brians Souvenir-Slip: »Brian ist in vielerlei Hinsicht ein traditionsbewußter Typ. Er flirtet gerne, und wenn er ein Mädchen trifft, von dem er sich angezogen fühlt, will er alles sofort und jetzt. Er ist möglicherweise ein guter Liebhaber, wenn auch ein bißchen egoistisch.«

... zu Tonys »Glücksunterhosen«: »Tony glaubt gern, daß er ein wilder Typ sei – aber tief in seinem Inneren hat er Angst davor, daß die Leute schlecht über ihn denken könnten. Er braucht beständige Liebe und emotionale Sicherheit.«

... und schließlich zu Johns Slip: »John ist ein sehr zuverlässiger, bodenständiger Mensch. Seine Unterhose zeigt, daß er zwar gern im Rampenlicht steht, manchmal aber der Wunsch in ihm überhand nimmt, sich von all dem Rummel zurückzuziehen.«

Tja – was kann man nicht alles aus ein paar Quadratzentimetern hautfreundlichen Stoffs ablesen! Und das, obwohl Brian, John, Tony und Terry ihre Prachtstücke vor der Inspektion in die Waschmaschine gesteckt hatten. Wer braucht da für den Blick in die Zukunft noch den guten alten Kaffeesatz?

Für einen guten Gag sind Terry, John, Tony und Brian (v.l.n.r.) immer zu haben.

East 17 im Blitzlichtgewitter

Auch zu Hause, im nicht sehr sonnigen Walthamstow, ließ sich East 17 mit der Kamera über die Schulter schauen. Die Zeitschrift POPCORN durfte Terry, Tony, John und Brian einmal in ihrem »Hauptquartier«, Tonys knallgrün gestrichenem Reihenhaus, besuchen. Und war gebührend beeindruckt, wie der Bericht an die Leser zeigte: »Levi springt voran ins Wohnzimmer, in dem nichts außer einem scheußlich gemusterten Sofa, einer Stereoanlage und ein paar Musikinstrumenten steht. Tony ist gerade am Komponieren, wobei er ›zur Inspiration‹ in höllischer Lautstärke Radio hört. Nebenan in der winzigen Küche macht Lead-Sänger Brian das Frühstück für alle.« Musiker-Idylle in Londons Osten. »Ich bin vor kurzem zum Bandkoch ernannt worden«, erklärte Brian damals der Zeitschrift lachend seine Rolle hinter den Kulissen von East 17. »Meine Spezialität ist Rührei ...«

Wenn es um Interviews oder Zeitschriftenstories ging, waren die vier Jungs für fast jeden Spaß zu haben, wie sich schon sehr bald herausstellte. Diese Bereitschaft steigerte sich noch zusätzlich, wenn ein attraktives Mädchen im Spiel war.

Das Magazin JUST SEVENTEEN hatte sich etwas ganz Besonderes ausgedacht, als es Terry, Tony, John und Brian im Oktober 1992 für eine originelle Fotoserie ins Studio bat: Gemeinsam mit dem langbeinigen, gut gebauten und hübschen Model Vanessa sollten sie vor der Kamera nach Lust und Laune tanzen, während der Fotograf aus dem fröhlichen Happening eine ausgefallene Modenschau für den etwas schmaleren Geldbeutel zu machen versuchte. Übrigens durfte jeder der East-17-Boys das ansehnliche Model mit einer eigenen Klamotten-Auswahl einkleiden lassen.

Vermutlich hätten die vier Stars Vanessa gerne persönlich umgezogen ... Aber auch so hatten sie viel Spaß und legten sich mächtig ins Zeug für Vanessas Auftritte. »Verflucht, Mann ... demnächst haut mich ein Herzinfarkt um!« stöhnte Tony nach einer Weile völlig außer Atem. »Aber sie macht das toll!«

Und dann gab er ein paar aufschlußreiche Einblicke in seinen persönlichen Geschmack: »Yeah, ich stehe absolut auf Girls in lang fallendem, weiblichem Look. Damit sieht ein Mädchen einfach mehr wie eine Lady aus. Früher hat es mir gefallen, wenn sie etwas Lässiges anhatten, aber das ist mir inzwischen zu kleinmädchenhaft. Meine frühere Freundin zum Beispiel trug immer ausgebeulte Jeans und Baseballshirts. Wenn wir dann losgezogen sind, sah sie aus wie ich. Die Leute sprachen uns an, weil sie dachten, wir seien Zwillinge ... Jetzt fühle ich mich mehr von Mädchen angezogen, die eine weibliche Mode tragen. Und vor allem: Ihr Hintern muß dabei gut zur Geltung kommen. Mmh ... ich bin ein richtiger Hintern-Fan!«

Da wollten natürlich auch die anderen drei nicht nachstehen. John reichte Vanessa einen langen, oben betont schmal geschnittenen Rock und ein Shirt mit Blumenmuster und langen Ärmeln.

Der Kommentar des Hobby-Stylisten: »Mir gefällt vor allem, wie der Rock geschnitten ist. Überhaupt stehe ich auf Röcke – vor allem, wenn sie einen Schlitz bis zur Hüfte hinauf haben ... Aber es ist natürlich sehr schwer, etwas über Mode und Geschmack zu sagen. Was dem einen Mädchen total gut steht, paßt zu einem anderen überhaupt nicht. Nur eines mag ich gar nicht: diesen üblichen HipHop-Dreß! Es gibt nichts Unattraktiveres als ein Mädchen, das aussieht, als würde es gerade von einem Fußballspiel kommen.«

Nach der witzigen Fotosession mit dem hübschen Model Vanessa waren die vier Musiker ziemlich geschafft.

Brian suchte ein schwarzes Top, schwarze Leggings und eine gestreifte Weste für Vanessa aus und schwärmte: »Ich hab' dieses Zeug gewählt, weil es so schön eng ist. Wenn ein Mädchen eine so tolle Figur hat, sollte sie enge Sache tragen, damit man die Figur auch sehen kann ...« Er hätte sich da durchaus noch eine Steigerung vorstellen können – frei nach dem Motto »weniger ist manchmal mehr«. Brian lachend: »Ich wollte sie eigentlich in Unterwäsche vorführen. Aber Terry war vor mir bei ihr in der Garderobe – und als er rauskam, hat er mir verboten, dem Fotografen zuviel von ihr zu zeigen.«

Terry war nach seiner Tanzeinlage mit Vanessa ziemlich aus dem Häuschen. Er hatte sie in zum Platzen enge, lederne Hotpants, einen Hauch von einem Top und lange Lederstiefel gesteckt: »Ich wollte, daß sie so wenig wie möglich anhat, damit ich möglichst viele Stellen ihres Körpers möglichst gut sehen kann. Eigentlich wäre es mir noch lieber gewesen, wenn sie ohne alles getanzt hätte. Dann hätte ich mit Mund-zu-Mund-Beatmung wiederbelebt werden müssen – von ihr natürlich ...«

Die Band als eingespieltes Team: Die Rollenverteilung bei East 17

»Brian«, plauderte John einmal im Interview mit der Zeitschrift BRAVO aus, »ist der Quirligste von uns. Terry ist sehr ruhig, Tony sehr sensibel, er schreibt ständig Gedichte und steckt seine Nase in schlaue Bücher. Aber wenn ihm ein Girl über den Weg läuft, wird er zum Casanova.« Noch heute sagt Tony: »Wir sind vier Freunde und teilen alle Aufgaben in der Band gerecht auf. Ich schreibe die Songs, Brian ist die Stimme, Terry und John steuern andere Dinge bei. Aber das kann sich jederzeit verschieben – jeder von uns kann alles.« Diese Vielseitigkeit kam ihnen 1995 auch

Ob im Studio oder auf der Bühne: Die East-17-Jungs sorgen dafür, daß auch der Spaß nicht zu kurz kommt.

Teamwork total: »Die Arbeit an unserer CD ›Up All Night‹«, freute sich Tony, »ist uns wirklich sehr leichtgefallen.«

bei den Arbeit an der CD »Up All Night« zugute. Tony: »Wir haben 16 Songs geschrieben und die besten davon für die CD ausgewählt – und das ist uns diesmal wirklich sehr leichtgefallen.«

Vielleicht liegt das auch daran, daß sich die Kommunikation innerhalb der Band inzwischen eingespielt hat und jeder die Stärken und Schwächen der anderen heute bestens kennt. Doch während Tony betont, daß musikalisch jeder alles machen könnte, sind die Rollen zwischen Tony Mortimer, Terry Coldwell, Brian Harvey und John Hendy auch hinter den Kulissen klar verteilt. So gilt John zum Beispiel als der König der Schlafmützen – vor ein, zwei Uhr am Nachmittag rechnen die anderen während einer Tournee nicht mit ihm. Manchmal müssen sie ihn sogar mit einer kalten Dusche aus seinen Träumen zerren, was ihm natürlich nicht besonders gefällt. Und Brian ist der unumstrittene Party-Löwe von East 17: Er hielt in den vergangenen Jahren regelmäßig am längsten durch, wenn nach den Konzerten eine ausgelassene Fete angesagt war. Vor allem natürlich, wenn genügend weibliche Fans mitfeierten. Ist es für so unterschiedliche Charaktere nicht doch manchmal ganz schön schwierig, über Wochen hinweg zum Beispiel im Tonstudio miteinander zu arbeiten. »Tja«, gibt Tony zu, »manchmal schon. Aber dann auch wieder nicht. Wir haben zu den meisten Themen dieselben Ansichten, mögen denselben Humor. Ab und zu fühlen wir uns natürlich schon gestreßt – aber nicht von uns. Wir sind Freunde, die nie vergessen haben, woher sie kommen, und haben ein gemeinsames Hobby: manchmal den Affen zu spielen ... Wir hatten noch nie richtig Streit miteinander, und keiner von uns hat je ans Aussteigen gedacht. Aber eines ist natürlich auch klar: Miteinander zu arbeiten ist anstrengend – miteinander Spaß zu haben ist toll.«

Ein bunter Mix – nur Techno ist tabu: Die Musik von East 17

Von der ersten Single »House Of Love« im Sommer 1992 bis zum Album »Up All Night« im Herbst 1995 hat East 17 eine beachtliche musikalische Entwicklung durchgemacht. »Wir hatten schon immer sehr unterschiedliche Songs auf unseren Alben«, spielt Tony das Thema herunter – doch obwohl das Quartett aus London-Walthamstow tatsächlich schon auf der Debüt-CD vielseitiger war, als es allein die Hit-Singles ahnen ließen, wirkt die Band inzwischen noch reifer als am Anfang ihrer Karriere.

1995 verarbeiteten Terry, Tony, John und Brian alle möglichen Einflüsse in ihren Songs. Fast alle, um genau zu sein – denn mit einem Genre der Dancefloor-Musik kann zumindest Tony wenig anfangen: »Der Sinn von Techno hat sich mir bisher nicht erschlossen. Ich finde es vor allem laut und lärmend.« Aber er ist überzeugt, daß er sich mit Techno nicht mehr lange wird herumplagen müssen: »Die englischen Dance-Clubs sind in den 70er Jahren völlig auf Diskomusik abgefahren, dann kamen High Energy und Pop, etwas später folgten House und Garage. Schließlich kamen die Clubs über Techno zum Jungle. So ist das eben mit der Szene.«

Schon 1994 hatte East 17 die stilistische Bandbreite noch mehr ausgeweitet – und dementsprechend unterhaltsam und abwechslungsreich war die zweite CD »Steam« denn auch. Als das Album im Herbst 1994 erschien, führten Tony Mortimer, Terry Coldwell, Brian Harvey und John Hendy in einem Song auch ihren deutschen Fans vor, wozu die britischen Fans in den kommenden Monaten »abtanzen« würden: Jungle hieß der neue Trend und »Let It All Go« der Jungle-Song von East 17. »Wir sind härter geworden – und erwachsener«, meinte

Die Musiker mischen für ihre Songs Dancefloor-Pop und soulige Ohrwürmer – die Reaktion der Fans gibt ihnen recht.

Jungle

Im Herbst und Winter 1994 lag halb London im Jungle-Fieber. »Die interessanteste Entwicklung des Jahres«, freute sich etwa Lady Miss Kier, Mitglied der schrillen Pop-Band Deee-Lite. Vor allem zahlreiche Szene-Clubs und ein rundes Dutzend Piratensender propagierten damals den neuen Sound für Tanzwütige. Ein kleiner Teil dieser Welle schwappte schließlich auch nach Deutschland über. »Wie schon mit Acid Jazz scheint den Tüftlern von der Themse diesmal tatsächlich wieder ein hörenswerter, überaus vielschichtiger Sound-Mix gelungen zu sein«, urteilte der Musikjournalist Jürgen Seibold im Januar 1995 im HiFi-Magazin AUDIO *und lieferte gleich eine Beschreibung des Stils dazu: »Jungle, der Name legt es schon nahe, präsentiert sich als fast undurchdringliches stilistisches Dickicht – und besteht etwa zu gleichen Teilen aus Techno-Getrommel, aus fetten Dub-Beats, aus mal teilnahmslos genölten, mal kraftvoll gerappten Gesangspassagen, aus Raggamuffin-Versatzstücken und allerlei Klangfitzelchen, wie sie sich ein Großstadt-Teenager der 90er Jahre wohl als natürliches Dschungel-Ambiente vorstellt.«*
Pop-Stars recht unterschiedlicher stilistischer Herkunft machten sich den neuen Trend zunutze und peppten mit Jungle-Songs ihre aktuellen Alben auf, darunter die isländische Sängerin Björk, die Reggae-Band Aswad und – die Jungs von East 17 mit ihrem Stück »Let It All Go« von der CD »Steam«. Doch den echten, den unverfälscht urwüchsigen Jungle gab es anderswo zu hören – unter anderem auf drei Samplern, die Ende 1994 auch in Deutschland auf den Markt kamen (und hoffentlich auch noch ein Weilchen im Handel erhältlich sein werden): »Down Beat In The Jungle« (Plattenfirma: WEA), »Junglism Vol. 1« (Peppermint Jam) und »Jungle Massive – Collective I« (east west).

Tony im Oktober '94 zu BRAVO. »Unsere Jungle-Nummer ›Let It All Go‹ geht mit 160 beats per minute ab. Jungle ist bei uns in England total angesagt.« Jungle war übrigens kein schlechter Name für den brodelnden Musikmix: Techno, Pop und Stilzitate aus Ethno-Beat oder Latin-Pop wurden in einen Topf geworfen und zu einem quicklebendigen Dancefloor-Sound verquirlt, der im Herbst 1994 auf dem besten Weg zum heißesten Trend der kalten Wintermonate war.

Ab in die Disko – aber »dienstlich«

Daß vor allem Tony das Ohr am musikalischen Puls der Szene hatte, war dabei kein Zufall: »Wenn ich heute in eine Disko gehe«, sagt er, »ist das für mich auch ein Teil meines Jobs. Ich hole mir dort Anregungen und schaue mir an, auf welchen Sound die Leute gerne tanzen. Denn ich möchte mit meiner Musik am liebsten die ganze Welt zum Tanzen bringen. Tanzen ist für mich wie eine Droge, etwas ganz Wunderbares. Und etwas völlig Natürliches: Ich glaube daran, daß das Tanzen für die Menschen so wichtig ist wie die Liebe. Wir stecken mit all den Plattenveröffentlichungen, Terminen und allem anderen inzwischen bis zur Halskrause im Musikbusineß – aber das ist es nicht, wofür East 17 in Wirklichkeit steht. Wir lieben Blumen und solche Dinge, und ich mag eben ganz besonders das Tanzen. Das war für mich immer eine besondere Erfüllung. Auch meinem Körper tut es gut, und deshalb brauche ich keine ›anderen‹ Drogen mehr, wenn ich eine Disko besuche.«

Zum Tanzen bot die CD »Steam« jede Menge Gelegenheit – aber das Album enthielt auch noch weitere Neuheiten, wie Tony im selben Interview erklärte: »Bei unserer

Single ›Steam‹ haben wir zum ersten Mal ein Gitarrenriff verwendet, das ziemlich hart klingt. Aber wir haben natürlich auch sanfte Songs drauf: Neben unserem Hit ›Around The World‹ gibt es eine wunderschöne Ballade. Sie heißt ›Stay Another Day‹ und wird Ende November 1994 als Weihnachtssingle erscheinen. Das Video dazu ist schon fertig. Wir haben es mit künstlichem Schnee im Studio gedreht.«

Zudem hatten sich die Jungs diesmal das Schreiben der Songs geteilt: »Around The World« zum Beispiel entwickelte die Band aus einer Idee von Brian, während Terry an der Jungle-Nummer »Let It All Go« mitkomponierte. Tony: »Ich habe diesmal viel intensiver an den Arrangements und der Produktion mitgearbeitet. Wir haben mehr als früher im Teamwork gearbeitet. Und ich bin sehr stolz darauf, daß ich auf der CD als ausführender Produzent er-

Seit der Debüt-CD »Walthamstow« wurde East 17 stilistisch immer vielseitiger. Dixie allerdings spielte die Band bisher noch nicht ...

wähnt werde.« In einem anderen Interview meinte er: »Inzwischen tragen wir unsere Song-Ideen zusammen, diskutieren neue Melodien – mir gefällt diese Art zu arbeiten.«

Den nächsten, noch größeren Schritt in der Entwicklung von East 17 stellte das dritte Album »Up All Night« dar. »Wir haben bei unserer neuen Scheibe erstmals alle Nummern komponiert, gesungen und mitproduziert sowie beim Videodreh Regie geführt«, freute sich Brian. Tony vertraute BRAVO im November 1995 an: »Es sind quasi vier Mini-Soloprojekte auf einem Album vertreten, deshalb sind die Musikstile so unterschiedlich ausgefallen. Meine Songs sind ›Thunder‹, die Single ›Someone To Love‹ und ›It's All Over‹ – alles traurige Balladen. Denn Songschreiben ist für mich wie eine Therapie. Ich verarbeite in den Liedern meine intimsten Gefühle.«

In »Thunder«, der Erfolgssingle aus dem Album, philosophiert Tony über die Schwierigkeit, die richtigen Entscheidungen in wichtigen Fragen zu treffen. »Und es geht natürlich um Sex – wie in vielen guten Songs.« Tony hat sich in den vergangenen drei, vier Jahren – trotz aller Vorliebe für gefühlsträchtige Themen – eine erfreuliche Vielseitigkeit als Texter erarbeitet. »Manchmal schreibe ich über Dinge, die sich meiner Ansicht nach in der Zukunft ereignen könnten, und versuche mich ein wenig als Prophet. Als ich vor einigen Jahren meine ersten Texte und Songs geschrieben habe, waren das fast ausschließlich Liebeslieder. Es hat sich damals einfach so ergeben, daß die meisten Stücke, die in dieser Zeit entstanden, mit Beziehungskram zu tun hatten. Darauf möchte ich mich heute nicht mehr beschränken ...« Heißt das, daß er auch als Privatmensch nicht mehr so viel von der Liebe hält? »Ich bin glücklich verliebt«, sagt Tony. »Aber in der Liebe ist man gleichzeitig auch immer allein, ganz allein, und völlig auf sich gestellt – wie im Text von ›Thunder‹.« Sieht er das

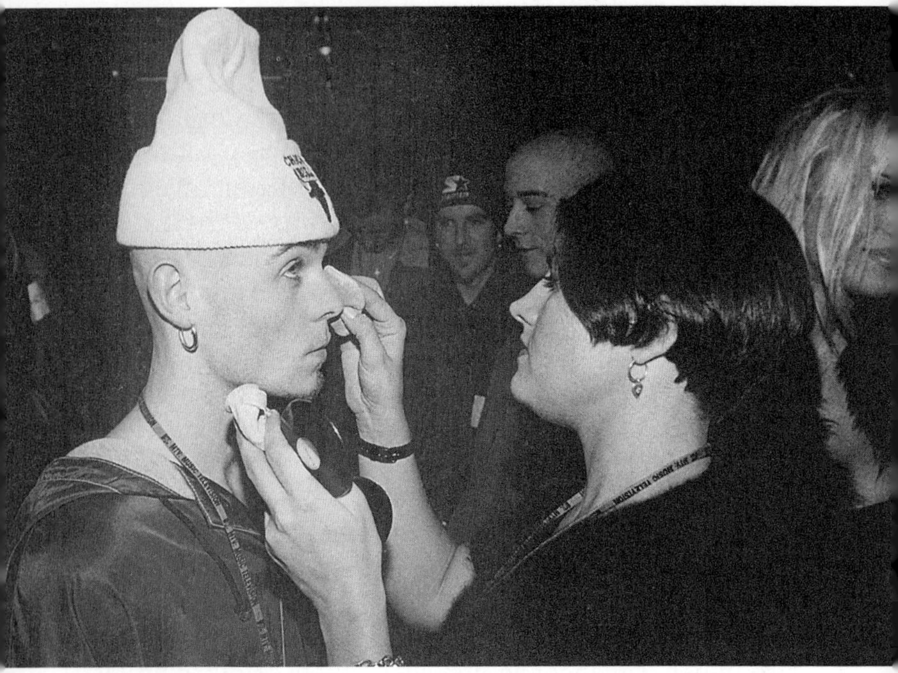

Schönheit muß leiden: Brian Harvey läßt sich vor einem TV-Auftritt das Gesicht pudern.

nicht etwas zu melancholisch? »Kann schon sein – aber ich bin eben auch ein melancholischer Musiker. Wenn ich mich hinsetze, um mit den Songs für ein neues Album zu beginnen, fallen mir immer die traurigen Lieder zuerst ein. Danach fühle ich mich mies und hoffe, mich mit einer schönen Ballade wieder in bessere Stimmung bringen zu können. Also schreibe ich einen fröhlicheren Song. Live spiele ich die traurigen Sachen nicht so gerne – und das Komponieren finde ich bei fröhlichen Songs schwieriger. Aber ich brauche eben beides. Denn was ich absolut nicht leiden kann, ist eine einseitig negative Sicht der Dinge.«

Die Videos von East 17

East 17 gab sich nicht nur sehr viel Mühe mit ihren Songs – auch in die »Verfilmung« ihrer Songs steckte die Band viel Geld und Arbeit. Für den Video-Clip zur Single »All Around The World« ließ das Quartett zum Beispiel in einem geräumigen Studio direkt am Londoner Themse-Ufer zwei Bühnen aufbauen, auf denen die Jungs den Text – eine gefühlvolle Hymne auf Sehnsucht, Heimweh und Liebe – mit symbolträchtigen Szenen illustrierten. Frühmorgens um sieben standen Tony, John, Brian und Terry »auf der Matte«, 17 Stunden lang mußten die vier Jungs vor der Kamera wieder und wieder dieselben Gesten und Schritte präsentieren, bis der Clip im Kasten war.

Was später unter anderem via MTV über die Mattscheibe flimmerte, war eines der besten Videos, die East 17 bis dahin aufgenommen hatte. Mal umgeben von düsterem Technik-Ambiente, mal von einer romantischen Urwaldszenerie, agierten die Musiker beinahe wie gelernte Schauspieler in einer kleinen Geschichte. Das schöne Model Charlene Fleming (zum Teil in einen aufblasbaren Globus verpackt) sorgte in der Rolle von »Mutter Erde« für einen weiteren Farbtupfer.

Kurz und gut – das Resultat konnte sich sehen lassen. Der Preis aber auch: Umgerechnet rund 300 000 Mark kostete die Produktion! Vor allem die »Bio-Bühne« mit den echten Bäumen und der aufgeschütteten Erde hatte die Kosten in die Höhe getrieben.

In dem Video zu »Thunder« gaben sich die vier Briten weniger erdverbunden: »Es beginnt mit einer Aufnahme der ganzen Erde«, beschrieb Brian im November 1995 der Zeitschrift BRAVO die Eröffnungssequenz des Clips, »dann von einem Kontinent, einem Land, einer Stadt, einem Stadtteil, einem Auto, und dann sieht man schließlich die

Insassen, die drinsitzen und auf ein Schloß zufahren, um dort aufzutreten ...«

Daß aber auch erfolgreiche und kreative Stars nicht vor Rückschlägen gefeit sind, mußten Tony, Terry, John und Brian im Winter 1994 schmerzlich erfahren. Für den Clip zur aktuellen Single »Stay Another Day« hatten sich die Jungs fast wie Eskimos verkleidet und waren zu der wunderschönen Ballade in weit geschnittenen Mänteln mit Pelzkapuze vor die Kamera getreten. Dann kam der Schock: Die Plattenfirma war mit dem Clip nicht einverstanden und schickte die Musiker kurzerhand noch einmal ins Studio, um im zweiten Anlauf ein anderes Video produzieren zu lassen.

Auch wenn ein mißlungenes Video für Frust sorgte: Die Jungs aus Walthamstow konnten mit ihrer bisherigen Karriere zufrieden sein.

Für die weiblichen Fans gibt's in den Konzerten der Londoner Band einiges zu sehen.

Tony wirbelt für die schnellen Songs wie wild über die Bühne ...

… und beweist für Balladen viel Gefühl.

Mit ihren energiegeladenen Auftritten begeistern East 17 die Fans.

Heute gehen die vier mit Begleitband und toller Lightshow auf Tour.

Die ausgedehnten Tourneen zehrten an den Kräften der Musiker …

… doch auf der Bühne ließen sich die Jungs nichts anmerken.

John mit Tracy und Töchterchen Atlanta: Leider kommt das Familienleben während der Tourneen oft zu kurz.

Eindrucksvolle Zwischenbilanz nach zwei Jahren im Musikgeschäft

Im Januar 1994 konnte die deutsche Plattenfirma des Londoner Quartetts eine erfreuliche Zwischenbilanz ziehen. »Seit ihrem sensationellen Charts-Debüt im Sommer '92 reißt die Erfolgsserie für East 17 nicht mehr ab«, freute sich das Hamburger Label Metronome. Das jüngste Beispiel lieferte der neue Hit »It's Alright«: Innerhalb kürzester Zeit war der Ohrwurm unter die fünf meistverkauften Singles in Großbritannien vorgestoßen. Auch in der deutschen Hitparade kletterte die Platte in Windeseile in die oberen Regionen.

In den ersten Monaten ihrer steilen Karriere schien es allerdings, als würde es East 17 ähnlich ergehen wie vielen anderen Bands auch, die zwar von unzähligen Fans bejubelt, aber von den Musikkritikern regelmäßig mit »Verrissen« bedacht oder völlig links liegen gelassen wurden. Doch immer wieder konnten Terry, Brian, John und Tony selbst viele der kritischsten Geister mit einer energiegeladenen Live-Show überzeugen.

In Deutschland gelang ihnen das im Winter 1993/94. Von den Reportern der Jugendzeitschriften waren die vier damals längst als etablierte Stars anerkannt worden – nur außerhalb der Jugendpresse wollte sich eine positive Resonanz nicht so recht einstellen. Da kam den Londonern eine Einladung des Magazins POPCORN gerade recht, das East 17 als musikalisches Highlight seiner Jubiläumsparty engagieren wollte. Das Quartett sagte zu und zog vor einem illustren Publikum aus handverlesenen Reportern und Branchen-Insidern während der Fete eine so eindrucksvolle Bühnenshow ab, daß hinterher selbst eher zurückhaltende Journalisten für ein Interview mit den Jungs aus der Themse-Metropole Schlange standen.

Sie alle hatten am eigenen Leib erleben können, daß Tonys Motto als Musiker kein bloßes Lippenbekenntnis war: »Wir sind in erster Linie dazu da, die Leute zu unterhalten. Es ist unsere wichtigste Aufgabe, sie durch unsere Musik in eine bessere Stimmung zu versetzen. Musik ist dafür ein ausgezeichnetes Mittel – und obendrein eines, das uns selbst auch glücklich macht.« Aber natürlich hatte er mit Genugtuung festgestellt, wie begeistert sich plötzlich bisherige Gegner der Band über East 17 äußerten. »Das ist schon irgendwie eigenartig«, merkte Tony Mortimer dazu mit leichtem Grinsen an. »Manche tun sich ziemlich schwer, uns zu akzeptieren. Aber letztendlich ist das nicht unser Problem – wir müssen uns nicht wie auf dem Silbertablett präsentieren, sondern die Leute müssen sich schon um unsere Musik kümmern. Wir schreiben unsere Songs, so gut wir können. Die Leute können dann selbst urteilen, ob sie ihnen so gut gefallen wie uns.«

Offenbar war das der Fall, denn gleich mit ihrem Debüt-Album »Walthamstow« legten Terry Coldwell, Tony Mortimer, Brian Harvey und John Hendy einen Senkrechtstart in den internationalen Hitparaden hin. Schon wenige Monate nach Erscheinen der Platte konnte sich die Liste der bisherigen Erfolge wirklich sehen lassen. In den britischen CD-Charts war »Walthamstow« ohnehin von Null auf Platz eins geschossen. Einige andere Beispiele für die Begeisterung der Fans über das Album:

- eine Nummer-eins-Single und eine Top-Ten-Plazierung in Schweden,
- eine Nummer-eins-Single und eine Top-Five-Plazierung in Finnland,
- zwei Top-Ten-Singles in Dänemark,
- eine Top-Ten-Single in Deutschland, Österreich, Norwegen und Frankreich,
- eine Top-Twenty-Single in der Schweiz.

Sieg auf der ganzen Linie: 1993/94 stiegen Tony und seine Freunde zu internationalen Superstars auf.

»Seht ihr? Wir haben's geschafft!« Nur für einen ausgedehnten Badeurlaub wollte die Zeit nicht mehr reichen.

Auch in ihrem Heimatland räumten die Boys von East 17 in großem Stil ab. Nach einem zehnten Platz in den britischen Charts für den Erstling »House Of Love« und einem etwas enttäuschenden 27. Rang für »Gold« konnten sich Tony, Terry, John und Brian endgültig als Stars in Großbritannien etablieren: »Deep« erreichte Platz fünf, »Slow It Down« kam auf Platz 13, »West End Girls« auf Rang elf, »It's Alright« schoß bis auf Position drei, und mit »Around The World« verzeichneten sie ebenfalls einen dritten Platz unter den meistverkauften Singles in Großbritannien. Die schöne Ballade hielt sich immerhin drei Wochen lang auf Platz drei.

Ständig unter Strom

1994 ging es praktisch das ganze Jahr hindurch im Eilzug-Tempo weiter in Richtung absolute Spitze. Zwei Monate lang waren Tony, Terry, John und Brian im Mai und Juni in ganz Europa auf Tournee – und praktisch alle Konzerte waren restlos ausverkauft.

Danach – »endlich!«, werden sie sich gedacht haben – fanden sie Zeit für den ersten Urlaub seit rund einem Jahr. Doch kaum waren sie zurück, ging's schon wieder ins Studio. Schließlich sollte – nach stolzen 1,7 Millionen verkauften Exemplaren der Debüt-CD »Walthamstow« – die Gunst der Stunde genutzt werden. Und die Jungs leisteten ganze Arbeit an Mikrofonen und Instrumenten: Die Single »Steam« schlug schon Anfang September '94 ähnlich ein wie ihre Vorgänger. Bereits im Oktober stand das gleichnamige neue Album in den Regalen der Plattenhändler.

Die Plattenfirma unterstützte »Steam« mit einem riesigen Werbeaufwand: Pünktlich zur Veröffentlichung der CD sorgte eine umfangreiche PR-Kampagne in Presse, Funk und Fernsehen für Aufsehen bei den Fans. So waren bei MTV und dem deutschen Pendant Viva 130 Spots für die East-17-Platte gebucht worden!

Die dritte CD, »Up All Night«, und die erste Single-Auskopplung daraus, »Thunder«, kletterten in den internationalen Hitlisten fast überall gewohnt schnell nach oben. In Deutschland allerdings reagierten die Plattenkäufer zunächst ein bißchen verhalten auf das Album: Am 25. Dezember 1995 hatte »Up All Night« auch fünf Wochen nach Einstieg in die CD-Charts noch nicht die Top Ten erreicht. Platz 17 als bis dahin beste und Rang 20 als aktuelle Plazierung wäre für viele andere Bands vielleicht ein Grund zum Feiern gewesen, doch East 17 konnte sich nicht einmal darüber freuen, daß ihre heißgeliebte Zahl

17 in der Plazierung vorkam – von den beiden vorangegangenen Alben waren sie bessere Positionen in Deutschland gewöhnt.

Na ja, zu einer warmen Mahlzeit pro Tag reichten die nach wie vor ansehnlichen Erfolge des britischen Quartetts noch immer – und die Fans der Band schienen eher noch mehr von ihren Idolen überzeugt zu sein als zuvor. Tony sagte: »Erfolg ist wunderbar – Popularität ist allerdings der Preis, den du dafür zahlen mußt. Ich empfinde Erfolg als einen Test, den du nur bestehst, wenn du wirklich gut bist. Plötzlich ist dein Leben völlig verändert, weil alle dir jeden Wunsch von den Lippen ablesen. Davon kannst du, wenn du nicht aufpaßt, abhängig werden. Die negativen Auswirkungen des Erfolgs kann man deshalb nicht ernst genug nehmen. Wichtig ist, nicht die Bodenhaftung zu verlieren – und anderen Leuten zu helfen. Ich spende viel für alles Mögliche. Früher hatte ich mir immer geschworen: Wenn ich mal ein Pfund in der Tasche haben sollte und einen Bettler treffe, dann bekommt der das Pfund von mir. Wenn du den Leuten was gibst, bekommst du viel dafür zurück. Ruhm dagegen macht nicht glücklich – auch wenn uns viele bewundern und sich wünschen, so erfolgreich zu sein wie wir.« Offenbar dachte Tony viel über sich und seine Situation nach. »Klar«, bestätigte er lachend, »ständig. Ich bin praktisch eine Selbstanalyse auf zwei Beinen. Aber solange ich das tue, solange ich über mich nachdenke und meine Situation analysiere, hilft mir das vielleicht, mit beiden Beinen fest auf dem Boden zu bleiben.«

Sehenswerte Live-Shows in vollen Hallen: Die Konzerte von East 17

Die Auftritte von Tony Mortimer, Terry Coldwell, Brian Harvey und John Hendy sind bei ihren Fans nicht nur beliebt, weil die britische Band fast ihr gesamtes Live-Repertoire inzwischen mit bekannten Hits bestreiten kann. Die Londoner Stars sind außerdem dafür berühmt, daß sich fast alle vier auf der Bühne völlig verausgaben. Zitate aus einer Konzertreportage der BRAVO vom Winter 1992/93: »Noch vor der ersten Rap-Passage von ›House Of Love‹ legen Brian und Terry zum Warmwerden eine Dance-Einlage auf die Bretter, die sich gewaschen hat. Wildes Kreischen in den ersten Reihen, die Stimmung ist augenblicklich auf dem Siedepunkt! Der Spaß am Singen und Tanzen und die Freude über den herzlichen Empfang steht beiden deutlich ins Gesicht geschrieben. Lediglich John bleibt im Hintergrund, steht als ruhender Pol hinter den drei anderen und zupft seelenruhig seinen Baß.«

Besonders häufig tauchte das Quartett zu Kurzauftritten bei verschiedenen Pop-Shows auf – und machte die Kürze der Live-Einlagen durch Power mehr als wett. Die Stimmung der Fans war ohnehin meist auf dem Höhepunkt, wenn die vier Briten – wie im Frühsommer 1993 in der Eissporthalle in Schwenningen – kurz nach Mitternacht auf die Bühne stürmten und dem mit Pop-VIPs nur so gespickten Programm das mit Spannung erwartete Glanzlicht aufsetzten. In Schwenningen zum Beispiel sorgte Tony für zusätzliche Aufregung vor allem unter den weiblichen Zuschauern: Sozusagen zur Begrüßung schleuderte er seine Unterhose von der Bühnenkante in die johlende Menge hinunter – prompt brach rund um den »Landeplatz« des begehrten East-17-Souvenirs ein wildes Gerangel aus.

Trotz aller Jubelszenen und der unglaublichen Begeisterung der Fans wollte sich East 17 nicht mit dem bisher Bewährten zufrieden geben. Deshalb schmiedeten die Jungs von Sommer 1993 an konkrete Pläne, wie sie ihre Live-Show noch mehr aufpeppen könnten. Schließlich stand die Entscheidung: Künftig wollten sie sich auf der Bühne nicht mehr per Playback vom Tonband begleiten lassen, sondern von einer Band aus Fleisch und Blut mit einem Bassisten, einem Schlagzeuger und einem Gitarristen. Brian: »Damit auch wirklich alles echt live rüberkommt.«

1994 wertete dieser Umstand den Start der heiß ersehnten Tour »All Around The World« zusätzlich auf. Im australischen Sydney beeindruckten East 17 rund 4000 begeisterte Fans im Horden Pavillon mit einer aufwendig inszenierten Lightshow, die von den Zuschauern mit tosendem Beifall quittiert wurde. »Gleich zu Beginn«, berichtete BRAVO später über das Ereignis auf der anderen Seite der Erdkugel, »explodiert ein buntes Feuerwerk auf der Bühne, dann starten die Boys mit ›House Of Love‹ durch.« Auch das Konzept mit der »richtigen« Begleitband (drei Gastmusiker statt Sound-Verstärkung von Tonband und Computer) bewährte sich gleich beim Debüt. »Wir wollen den Sound, den wir auf Platte produzieren, auch live bringen«, hatte Tony vor dem Auftritt gesagt – und die Show hielt das große Versprechen.

Wenn nur das Lampenfieber nicht wäre ...

Aber so cool und selbstbewußt sich die vier Briten auch gaben und so sehr sie in ihren Konzerten voller Energie und Spielfreude über die Bühne fegten und selbst die größten Hallen im Handumdrehen in einen wahren Begeisterungstaumel versetzten: Vor jedem Konzert quälte

Wie seine drei Bandkollegen ist auch Brian heilfroh, wenn sich die Anspannung mit dem Beginn eines Konzerts endlich löst.

Kaum sind Brian, Tony, John und Terry auf der Bühne, ist das Lampenfieber wie weggeblasen.

die vier Jungs extremes Lampenfieber! »Wir geben hier in Australien insgesamt acht Konzerte«, sagte Tony kurz nach dem Start der '94er Tournee zu BRAVO. »Zum ersten Mal spielen wir als Headliner in Hallen, die über 5000 Leute fassen. Uns schlackerten bei der Premiere ganz schön die Hosen.« Und er gab zu, daß zumindest er für einen ordentlichen »Lampenfieber-Anfall« vor einem Auftritt nicht einmal so eine Größendimension braucht: »Mir geht es einfach schrecklich, am liebsten würde ich auf der Stelle sterben. Die Minuten vor dem Auftritt sind jedesmal ein Alptraum für mich, jede Faser meines Körpers will einerseits zu den Fans auf die Bühne, andererseits würde ich am liebsten weglaufen.«

Vor lauter Aufregung brach ihm der Schweiß aus, er bekam Flecken im Gesicht, und sein Atem ging stoßweise. Aber auch die anderen drei liefen in ihrer Garderobe wie gefangene Wildkatzen in einem zu engen Käfig auf und ab, jedes Stimmtraining der Background-Sänger brachte sie auf die Palme.

Triumphale Tournee

Gegen ihr Lampenfieber soll das Ritual helfen, das East 17 dem Vernehmen nach noch heute vor jedem Konzert in der Garderobe veranstalten – und das sie einmal so beschrieben haben: »Wir bilden einen Kreis, beten und schwören uns aufeinander ein. Schließlich klappt das alles nur, wenn wir konzentriert zusammenarbeiten.«

Das taten sie! Denn während der »All Around The World«-Tournee zeigten Tony, Terry, John und Brian Abend für Abend, daß sie auch 90 Minuten lang die Spannung im Saal auf dem Höhepunkt halten können. Noch begeisterter als in den Konzerten zuvor flippten die Australier (natürlich besonders die Australierinnen ...) aus, wenn die Jungs aus London-Walthamstow ihre tanzbaren Ohrwürmer sangen, rappten und spielten. Und wann immer sich einer der East-17-Boys zu nah an die Bühnenkante wagte, mußte er befürchten, von den kreischenden Fans ins Getümmel gezogen zu werden. Ein imposanter Bühnenaufbau machte das faszinierende Bild komplett: Auf mehreren Etagen eines riesigen Gerüsts zeigten sich die vier Musiker – von hinten dramatisch angestrahlt – als Silhouetten, und auch »unten«, auf der eigentlichen Konzertbühne, brachte eine ausgeklügelte Lichttechnik zusätzliche Abwechslung in die ohnehin schon sehenswerten Tanz- und Artistikeinlagen von East 17.

Außerdem bewegten sich die Jungs (noch) gewagter als bisher. Vor allem Tony brachte die Fans mit seinen Show-Elementen zur Raserei. Zu den Klängen des Songs »Slow It Down« streichelte er unter dem Kreischen der Fans hingebungsvoll über seinen Oberkörper. Und für »Love Is More Than A Feeling« legte er noch einen Gang zu: »Bei ›Love Is More‹ läßt Tony halb ausgezogen die Hüften zucken und spielt einen imaginären Liebesakt«, beschrieb BRAVO am 19. Mai 1994. »Dann läßt er sich zu Boden sinken, streichelt seine intimsten Zonen und räkelt sich liegend vor den ausgeflippten Fans.«

Auch John zeigte 1994 erstmals etwas sehr Intimes: Während er sonst nie ohne Mütze in der Öffentlichkeit zu sehen war, präsentierte er den Zuschauer nun einen ziemlich radikalen Irokesenschnitt. Doch so viel Neues reichte den Jungs dann wohl – denn mit einer (verständlicherweise liebgewonnenen) East-17-Tradition wollten sie auch 1994 nicht brechen: »Nach jedem Konzert«, erklärte die Zeitschrift BRAVO im April '94 ihren Lesern, »holen sie sich immer ein Dutzend Mädchen backstage, um mit ihnen zu feiern.«

Die Live-Shows von East 17 können sich sehen lassen: guter Sound, Power pur – und jubelnde Fans.

Konzertkritiken – eine kleine Auswahl

Bravo, Dezember 1992: »Die Jungs heizten mit ihrer neuen Single ›Gold‹ ein. Den Song, in dem sie Geld und Besitz als wertlos und das Leben und die Liebe als das Wichtigste überhaupt einstufen, sangen die Fans Zeile für Zeile mit. Mit der Dance-Nummer ›It's Alright‹ und Terrys halsbrecherischen Tanzeinlagen endete das Konzert. Die notdürftige Absperrung vor der Bühne hielt die Girls nicht zurück, sie wollten die Boys – und vor allem Brian – anfassen und Autogramme haben."

Bravo, 18. März 1993: »Zum Abschluß: ›It's Alright‹. Die Jungs geben noch mal alles und zeigen frappierende Synchronschritte. Tosender Jubel aus 2000 Kehlen! East 17 haben sich vollständig verausgabt. Atemlos, aber glücklich reißen sie sich in der Garderobe die verschwitzten Klamotten vom Leib."

Bravo, 15. Juli 1993: »3900 Mädchen und Jungen kreischen: ›Everybody in the House of Love‹. 30 Minuten lang tanzen, rappen und singen die vier, der Schweiß fließt in Strömen. ›Gold‹, ›Deep‹, ›Slow It Down‹ und den neuen Hit ›West End Girls‹ – die Fans kennen jede Zeile auswendig. Sie kugeln sich fast die Arme aus, wenn Tony oder Brian sich zu nah an den Bühnenrand wagen. Sanitäter müssen mehrere Mädchen mit Heulkrämpfen über die Absperrung hieven. Nach zwei Zugaben torkeln die vier völlig erledigt in den Bus."

Bravo, 7. April 1994: »90 Minuten lang bringen die Ost-Londoner all ihre Dancehits wie ›Gold‹, ›Slow It Down‹, ›Deep‹, ›West End Girls‹ und ›It's Alright‹

(seit Wochen Nummer eins in Australien). Als die Boys sich zur Halbzeit ihrer T-Shirts entledigen, bricht unter den weiblichen Fans Hysterie aus."

STUTTGARTER NACHRICHTEN, 30. Mai 1994: »Zur echten Herausforderung wurde der Freitag abend in der Messehalle für die Rotkreuz-Helfer beim Auftritt von East 17: Stuttgarts Teeniegirls kippten angesichts der coolsten Greenhorn Group reihenweise aus den Sisleytretern. 80 Minuten MTV live, jeder Song ein perfekter Videoclip mit null Werbeunterbrechung – kein Teenie kann da widerstehen."

STUTTGARTER ZEITUNG, 30. Mai 1994: »Zündend-gefällige Rhythmen von den Begleitmusikern zusammen mit einem Gesang, der manchmal gar grausig unsauber klingt und dazu nicht gerade temperamentvoll wirkt. Die netten Melodien gehen schließlich trotzdem ins Ohr und in die Beine: ›Gold‹ und ›Set Me Free‹, ›Deep‹ oder ›West End Girls‹ rufen im Publikum die rechte jugendliche Begeisterung allerdings immer noch nicht hervor. Die flammt erst auf, als zur Zugabe endlich ›It's Alright‹ erklingt, der langerwartete größte Hit der Londoner Gruppe."

NEW MUSICAL EXPRESS, 6. Juni 1995: »Jeder kreischt, und alle zusammen kreischen lauter als das Medley von East 17-Songs, das aus der Verstärkeranlage donnert. Es herrscht ein fürchterlicher Lärm, die Unterwerfung der Masse der Band gegenüber ist vollkommen. Jeder Song wird abgefeuert wie eine Breitseite purer Lust, die mit voller Absicht auf Tausende pubertierender Herzen zielt."

Ob mit tanzbaren Temponummern oder wunderschönen Balladen – die Jungs von East 17 verausgaben sich auf der Bühne völlig.

Viel Arbeit für die Helfer

Für einen Teil der Tournee-Crew beginnt die Hauptarbeit erst nach dem Ende des Konzerts. Und so mußte auch 1994 die dreistöckige Bühne abgebaut und gemeinsam mit der riesigen Verstärker- und Lichtanlage in den Trucks verstaut werden. Der Fahrer des luxuriös ausgestatteten Doppeldecker-Tourbusses brachte die Musiker in die nächste Stadt, während sie versuchten, ein paar Stunden Schlaf zu bekommen. Dem Vernehmen nach klappte das eher selten, denn immer wieder entdeckte der aufmerksame Tourmanager der Band »blinde« und stets hübsche Passagiere in den Abteilen der Jungs. Auch andere hatten alle Hände voll zu tun, bis die nächste Halle zum Schauplatz eines umjubelten Auftritts der Londoner werden konnte – Schneider Alan zum Beispiel, der Tag für Tag die Nähte der Bühnenkostüme von Tony, Terry, John und Brian wieder in Ordnung brachte, wenn sie im Getümmel eines Konzerts kaputtgegangen waren.

1995 steigerte sich East 17 erneut und brachte die Fans mit einer ausgedehnten Welttournee zum Staunen, die am 16. Mai im schottischen Glasgow eröffnet wurde. »Es wird die aufwendigste Show, die wir je gemacht haben«, schwärmte Brian vor dem Tourstart in einem BRAVO-Interview. »Wir lassen extra eine Riesenbühne aufbauen und eine spezielle Lichtanlage konstruieren. Auf einer riesigen Videoleinwand werden Filme gezeigt, die wir teilweise selbst aufgenommen haben.« Und Terry verriet: »Wir spielen diesmal nur in großen Hallen und konnten erstmals eine Bühnenshow mit vielen Spezialeffekten zusammenstellen.« Tatsächlich gab es einiges zu sehen – wie Tony vorher schon in leuchtenden Farben ausmalte: »Die ganze Tournee würde uns keinen Spaß machen, wenn am Ende auch nur ein einziger Fan unglücklich und enttäuscht wieder nach Hause gehen würde. Wenn die Leute uns also mit einer Lasershow und mit Spezialeffekten sehen wollen, dann zeigen wir das auch. Diesmal wird optisch ständig etwas geboten sein. Im Grunde sind wir eine Club-Band, aber dort haben wir ja schon gespielt. Jetzt treten wir in großen Hallen auf, und inzwischen wissen wir auch, wie man einem großen Publikum einheizt.«

Auch sich selbst heizten die Jungs damit richtig ein – die sehenswerte Show war sehr kraftraubend: »Unsere Show«, bestätigte John nach einigen Konzerten, »ist wirklich sehr anstrengend. Wir müssen alles tun, um uns fit zu halten. Doch bis jetzt ist irgendwie der Wurm drin. Tony kränkelt ständig. Unsere ersten Deutschlandkonzerte mußten abgesagt werden, weil Brian seine Stimme verloren hatte. Und jetzt huste ich. Manchmal habe ich während unserer Show sogar das Gefühl, keine Luft mehr zu bekommen.«

Am Ende ihrer '95er Welttournee konnten Terry, Tony, John und Brian zufrieden sein: Sie hatten sich selbst übertroffen.

Backstage – das Leben hinter den Kulissen

Trotz des ganzen Rummels um ihre Band und der Hektik, die ein proppenvoller Terminplan so mit sich bringt, sind Terry Coldwell, Tony Mortimer, Brian Harvey und John Hendy die engen Freunde von einst geblieben. Nur eines sorgte in den vergangenen Jahren hinter den Kulissen gelegentlich für etwas Ärger: »Wir alle lieben Computerspiele«, erzählte Tony dem britischen Spielemagazin GAME TALK im Herbst 1992. »Wir alle – außer Brian. Er flippt fast aus, wenn wir anderen drei uns vor unsere ›Sega Mega Drives‹ hocken. Manchmal wirft er dann sogar mit irgendwelchem Kram nach uns ...«

Keine Einwände hat Brian allerdings, wenn die drei anderen mit ihm in den freien Stunden während einer Werbe- oder Konzerttournee durch die Städte bummeln wollen, in denen sie sich gerade aufhalten. Dabei ereignen sich immer wieder lustige Anekdoten. So waren sie an einem Spätsommernachmittag 1994 zum Beispiel in der Kölner Innenstadt unterwegs. Der Kondomladen, den sie auf ihrer Spritztour entdeckten, war für John, Brian, Terry und Tony natürlich die Attraktion des Tages: In allen Größen und Erscheinungsformen begutachteten unsere vier Helden die nützlichen Latex-Accessoires mit fachmännischem Interesse. »Toll, daß es so etwas gibt!« lobte Brian. Als Dankeschön bekamen die vier Mädchenlieblinge je ein »Einsteigerpaket« mit auf den Weg, das einen spaßigen Querschnitt durch das Repertoire des vorrätigen Angebots bot – inklusive eines Weihnachtspräservativs, das bei Gebrauch per Mikrochip das Lied »Jingle Bells« spielt ...

Doch damit sich niemand falsche Vorstellungen macht: Der Terminplan von Tony, Terry, John und Brian ist während einer Tournee minutiös ausgetüftelt. »Wir stehen

East 17 im Hotelzimmer: Nicht immer ist das Leben »on the road« so romantisch und spannend, wie sich das viele Fans vorstellen.

früh auf«, erzählte Terry im März 1994, »geben ein paar Interviews, dann geht's in die Halle zum Soundcheck, danach gibt's Essen. Anschließend ruhen wir uns aus, bis die Party endlich abgeht.« So weit, so diszipliniert. Die Sorgen von Tourmanager John Buckland beginnen aber erst, wenn die Live-Show zu Ende ist. »Bei uns gehören ausschweifende Hotelfeten zum Tourleben dazu«, sagte Brian einmal. »Wir sind als Ladykiller on the road bekannt.« Buckland vertraute BRAVO im Juni 1994 an: »Ein Sack Flöhe ist leichter zu hüten. Ich nenn' die Boys inzwischen (B)east 17. Disziplin verlange ich nur, wenn es um Interviews, Soundchecks und Auftritte geht. Ansonsten können sie sich ihre freie Zeit selbst einteilen und sich austoben.«

Küßchen, Biester – und etwas Streß: East 17 und die Fans

»Es gibt Momente im Leben, die man einfach nicht vergessen kann. Dazu gehört mein Treffen mit East 17. Nachdem ich die Band in ihrem Berliner Hotel verpaßt hatte, war ich ganz schön niedergeschlagen. Doch dann versuchte ich mein Glück am Flughafen und wurde belohnt. Was immer auch böse Zungen über sie behaupten mögen, ich habe sie als freundliche und ruhige Boys kennengelernt. Nur mit Tony konnte ich nicht persönlich reden. Er lag mit hohem Fieber auf dem Rücksitz des Autos und schlief sich gesund. Richtig blaß und mager sah er aus.« Dana (18) in einem Leserbrief (aus BRAVO, 21. April 1994).

East 17 können sich seit Jahren über eine besonders treue Fangemeinde freuen. Besonders die weiblichen Fans haben es Tony, Terry, John und Brian angetan. »Wir mögen unsere Fans wie sie uns«, beteuerte John 1994. »Also feiern wir halt gerne nach einer Show mit ihnen. Und hier und da gibt's ein Küßchen.« Damit sind die »Hardcore-Verehrerinnen« des Londoner Quartetts allerdings längst noch nicht zufrieden. Eastettes nennen sich diese Mädchen. Brian beschrieb BRAVO im April 1993, um was für eine Clique es sich dabei handelt: »Manche nennen sie auch B-Eastettes (Biester). Das ist eine total fanatische Gruppe von Mädchen, die uns durchs ganze Land nachreist. Sie tragen schwarze, überweite Klamotten und Baseballmützen und nennen sich die ›härtesten Groupies in England‹. Die sind völlig verrückt: Während der Shows bombardieren sie uns mit Kondomen, also brauchen wir uns selbst nicht so viele zu kaufen. Sie werfen Unterwäsche auf die Bühne und machen keinen Hehl daraus, daß sie am liebsten sofort mit ihrem Lieblings-East-17 ins Bett gehen würden. Wie soll man da widerstehen?«

Die vier aus Walthamstow können also vor allem während ihrer Tourneen Hobbies pflegen, von denen weniger prominente Altersgenossen nur träumen. Tony und Terry, John und Brian sollen während ihrer '94er England-Tournee sogar einen ziemlich abgebrühten bandinternen Wettbewerb ausgerufen haben: Wer die meisten Mädchen ins Bett bekommt, hat gewonnen. Verloren haben dabei die weiblichen Fans, die mit einer solchen heißen Affäre mit ihrem Star einen vermeintlichen Glückstreffer gelandet haben und dann aus der Zeitung erfahren mußten, daß sie vielleicht nur als hastig hingekritzelter Strich auf einer internen Vergleichsliste in Erinnerung blieben ...

Die beiden Österreicherinnen Mandy und Jessie berichteten BRAVO dagegen mit Bild und Brief im April 1993 von ihrer durchweg positiven Begegnung mit den Londoner Jungs: »Für ihre Promotion-Tour war East 17 am 24. Februar in Wien. Insgesamt dreimal liefen sie uns über den Weg und erinnerten sich sofort an uns. Bei den Aufzeichnungen für einen TV-Auftritt waren wir eineinhalb Stunden lang in unmittelbarer Nähe der Boys. Dann folgten wir ihnen zu einer Autogrammstunde in einen Plattenladen, wo sie einen Playback-Auftritt hatten. Als sie für ein Interview zur Radiostation mußten, waren wir als Studiogäste anwesend. Sobald sie uns sahen, begrüßten sie uns total lieb und ließen sich mit uns fotografieren. Auch jede Menge Küsse gab es.«

Einige Fans besuchten East 17 sogar zu Hause in Walthamstow – wie die beiden Berliner Mädchen Dani und Shirin, die von Tony, der an diesem Tag gerade aus dem Krankenhaus entlassen worden war, mit offenen Armen empfangen wurden. »Als wir zu seinem Haus fuhren«, zitierte BRAVO am 12. August 1993 aus ihrem Brief, »öffnete er uns tatsächlich die Tür. Nachdem wir ihn mit Fotos zum Unterschreiben eingedeckt hatten, ließ er uns

»Bäh ... !« Wenn ihre Fans Schnappschüsse machen möchten, sind Brian und die anderen East-17-Jungs für (fast) jeden Spaß zu haben.

in seine Wohnung. Wir knipsten alles und bekamen von ihm noch ein signiertes East-17-Einzelstück geschenkt!«

Tony wollte aber auch auf die gefährliche Seite des Starrummels hinweisen: »Manche Fans projizieren viel zuviel in uns hinein – und das wird immer krasser, je jünger die Fans sind. Was ist schon dran an uns? Meine Güte, Songs kann doch jeder schreiben!« Da hat er es mit dem bei vielen Briten so beliebten Hang zum Understatement dann wohl doch ein bißchen übertrieben. Außerdem war es nicht unbedingt das Songschreiben, das die Verehrerinnen an die Bühnenkante lockte, wie Tony 1993 einmal zugab: »Ich habe immer das Gefühl, daß sie auf mein Glied starren. Deshalb trage ich lange schlabbrige Hemden und Sweatshirts. Manchmal halte ich sogar meine Hand davor – ich hab' einen richtigen Komplex!«

Tony fühlt sich von den weiblichen Fans so sehr beobachtet, daß er, wie er einmal zugab, einen richtigen »Bühnenkomplex« entwickelte ...

Hochzeitsgerüchte, Trennungen, Kinder: Die Stars und ihre Freundinnen

Dürfen umschwärmte Popstars in festen Händen sein? Brian, Tony, Terry und John – als rastlose Herzensbrecher von Mädchen in aller Welt verehrt – waren sich da wohl nicht ganz sicher. Offenbar hatten die vier vor allem Angst, sie könnten als »vergebene« Popstars einen großen Teil ihres Publikums verprellen, denn lange Zeit vermieden sie es tunlichst, in Interviews auf das Thema »feste Freundin« einzugehen. Doch im Sommer 1993 kamen Gerüchte auf, Tony Mortimer sei Vater geworden. Ein Fan der Band schrieb damals an BRAVO: »Das finde ich zwar toll und ich freue mich auch sehr für ihn, aber warum behaupten sie dann immer, wenn sie gefragt werden, daß sie keine Freundin hätten? Ich finde das total fies, er hätte es doch ruhig verraten können. In Zukunft sollten sie die Wahrheit sagen. Oder haben sie vielleicht Angst vor der Reaktion ihrer Fans?«

Warum auch immer: Jedenfalls wollte Tony sein neues Glück zunächst tatsächlich nicht an die große Glocke hängen. Im Oktober 1994 gestand er: »Ich habe lange versucht, die Beziehung zu meiner Freundin Tracy Davies geheimzuhalten. Ich dachte immer, es sei besser, wenn die Fans glauben, daß man solo ist. Zuerst reagierten die Fans ziemlich verärgert. Sie belagerten unsere Haustür, sie schrieben während der Schwangerschaft Drohbriefe an Tracy und beschuldigten sie, mir ein Kind untergeschoben zu haben. Andere ›Fans‹ behaupteten sogar, daß ich Tracy mit ihnen betrogen hätte. Doch später, nach der Geburt unserer Tochter Atlanta, bekam ich aus aller Welt Glückwünsche von den Fans.«

Damit waren aber zumindest für Tracy die Probleme mit überschwenglichen Verehrerinnen ihres Freundes nicht ausgestanden, wie Tony in einem Interview verriet: »Sie leidet wegen der vielen Fans, die laufend ums Haus schleichen. Aber sie hält sich tapfer.« Manchmal machte es Tony seiner Tracy auch nicht gerade leicht, auf seine Treue zu vertrauen. So hatte er einmal die Botschaft von »House Of Love« etwas zu wörtlich genommen. Offenbar flirtete der Mädchenschwarm nach einem der gefeierten Konzerte ein wenig zu auffällig mit einigen seiner hüb-

»Heimliche Liebschaften«

Schon seit den 60er Jahren versuchten Pop-Stars immer wieder, ihre Freundinnen und manchmal sogar ihre Ehefrauen vor Presse und Fans geheimzuhalten. Die Beatles – damals von Millionen Mädchen in aller Welt angehimmelt – sorgten gleich für zwei Beispiele:

➪ ***Paul McCartney war jahrelang mit der hübsche Jane Asher befreundet (und sogar heimlich verlobt), »durfte« sie aber nicht heiraten, weil Beatles-Manager Brian Epstein einen Popularitätsverlust von pretty Paul bei Millionen weiblicher Fans befürchtete.***

➪ ***John Lennon war sogar eine Zeitlang mit seiner Jugendliebe Cynthia verheiratet – und viele seiner Fans ahnten nichts davon. Als Paul Jahre später die Fotografin Linda Eastman heiratete, wurden dutzendweise verzweifelte, hysterisch weinende Mädchen gesehen – und das, obwohl sich damals der größte Rummel um die Beatles längst gelegt hatte.***

schen Verehrerinnen. Als er das in einem Interview dann auch noch versehentlich ausplauderte, war Feuer unterm Dach bei Familie Mortimer. Tony, der Schwerenöter, konnte seine Freundin wohl wieder beruhigen. Und beschwor hinterher in einem anderen Interview bereits den nächsten häuslichen Ärger herauf: »Ich habe zwar danach ein schlechtes Gewissen«, gab er gegenüber dem Magazin POPCORN zu, »aber man ist ja auch nur ein Mann!«

In (ziemlich) festen Händen

Doch auch solche »Zwischenfälle« änderten nichts daran, daß 1994 die Situation für hoffnungsvolle weibliche Fans nicht allzu rosig aussah.

John und seine Christianne waren seit Januar zusammen. Noch wenige Monate zuvor hatte er erklärt: »Solange ich jung bin, möchte ich meinen Spaß haben – also keine feste Freundin!« Doch dann ... »Als ich Christianne das erste Mal sah, funkte es sofort zwischen uns«, schwärmte er im BRAVO-Heft vom 6. Oktober 1994. »Sie hat einen so herrlich trockenen Humor, und als sie mir mit ihren großen, dunklen Augen frech zuzwinkerte, war's um mich geschehen.« Die Boys von East 17 sollten für eine englische Zeitschrift Nacktmodelle malen. Eines der Modelle war – Christianne.

John: »Wir machten unsere typischen Machowitze und teilten die Damen im Geiste gerecht unter uns vieren auf. Doch dann sah ich Christianne, und vorbei war es mit den Späßen. Ich wurde wie vom Blitz getroffen und paßte höllisch auf, daß ihr meine Kumpels nicht zu nahe kamen, denn ich kann ganz schön eifersüchtig sein. Zum Glück ist Christianne nicht so eifersüchtig, sie nimmt es ganz cool und mit viel Humor, wenn meine Haustür mal wieder vollgeschmiert ist mit ›John, treib's mit mir!‹ oder ›John, danke für letzte Nacht!‹. Sie weiß, daß ich alles andere als ein Aufreißertyp bin. Alles, was ich eines Tages möchte, ist heiraten und Kinder haben – am liebsten natürlich mit Christianne …«

Tony kümmerte sich mit seiner Freundin Tracy um die Erziehung der gemeinsamen Tochter. »Atlanta«, sagte er einmal, »bedeutet mir sehr viel. Zum ersten Mal trage ich Verantwortung. Ich bin seither viel nachdenklicher und ruhiger geworden!«

Auch Terry hatte es schließlich voll erwischt. »Ich bin so verliebt«, erzählte er BRAVO im Herbst 1994, »ich würde meine Freundin Paola am liebsten morgen heiraten. Paola und ich wären mit Sicherheit heute kein Paar, wenn sie mich nicht angesprochen hätte. Wir besuchten nach einem Konzert im Frühjahr 1994 einen angesagten Stockholmer Nachtclub. Dort sah ich Paola das erste Mal. Sie tanzte mit ein paar Freundinnen in der Mitte der Tanzfläche, und ich stand nur da und sperrte vor Begeisterung den Mund auf. Meine Kumpels stießen mir in die Rippen und zogen mich auf, ich solle den heißen Zahn endlich ansprechen. Ich tat damals so, als hätte ich kein Interesse, und gab vor, sie sei eigentlich gar nicht mein Typ. Sie reagierte überhaupt nicht auf mich. Resigniert zog ich an die Bar ab und bestellte mir einen Drink. Plötzlich stand sie neben mir und lachte mich frech an. Sie fragte, ob ich meine Tanzschuhe zu Hause gelassen hätte oder ob mein Hintern an diesem Stuhl festgeklebt sei. Ich mußte lachen und folgte ihr auf die Tanzfläche … Am nächsten Tag dann rollte unser Tourbus weiter. Schweren Herzens nahm ich Abschied von Paola. Wir schrieben uns jeden Tag einen langen Brief. Inzwischen hat sie mich schon zweimal in Walthamstow besucht. Wir versuchen, uns so oft wie möglich zu sehen.«

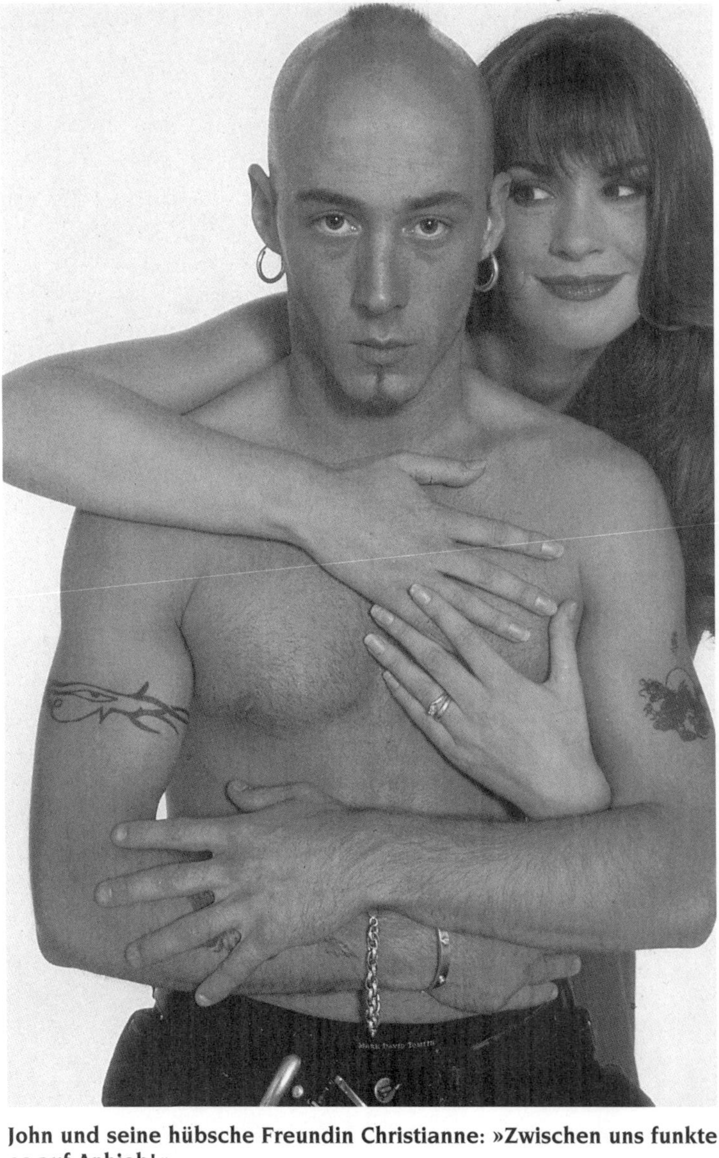

John und seine hübsche Freundin Christianne: »Zwischen uns funkte es auf Anhieb!«

Erst streuten Brian und seine Freundin Daniella Gerüchte von einer bevorstehenden Heirat – dann trennten sie sich.

Verliebt! Verlobt? Veräppelt ...

Nur Brian, der erklärte Mädchenliebling, wechselte seine »festen« Freundinnen eine Zeitlang beinahe so häufig wie seine T-Shirts. Verhältnismäßig lange hielt er es noch mit der hübschen TV-Schauspielerin Daniella Westbrook aus. Kennengelernt hatte Brian seine neue Freundin ausgerechnet durch deren »Vorgängerin«. Brian in einem Interview: »Meine frühere Freundin Nicola Stapleton und Daniella treten in der TV-Serie ›Eastenders‹ auf. Ich kannte Daniella schon lange, aber erst im Januar hat's gefunkt. Jetzt sind wir unzertrennlich. Daniella hat mir einen goldenen Cartier-Ring geschenkt. Ich habe sie am Valentinstag mit roten Rosen überschüttet und in ein teures Restaurant geführt.«

Pünktlich zum Beginn der East-17-Fernost-Tournee 1994 kursierten Gerüchte, Daniella und Brian hätten sich vor kurzem verlobt. BRAVO berichtete wenig später: »Sein Geschenk für Daniella – ein Goldarmband im Wert von rund 12 000 Mark.«

Etwas später gab Brian der Zeitschrift gegenüber einigermaßen zerknirscht zu, daß BRAVO dabei einer »Ente« aufgesessen sei. Brian, diesmal ganz reumütig: »Da bin ich selbst dran schuld – aus Gag haben wir Journalisten erzählt, daß wir uns verlobt hätten. Tatsache ist, Daniella ist meine Freundin, wir sind nicht verlobt, ich habe ihr allerdings einen Ring geschenkt.« Und dann fügte er nachdenklich hinzu: »Es ist sehr schwer, eine Beziehung dieser Art richtig eng zu führen. Wir sind dauernd unterwegs und haben nicht viel Zeit für unsere Partnerinnen. Das meiste läuft per Telefon, sehr sexy, was?« Bei einer anderen Gelegenheit meinte er: »Ich bin sehr verliebt in Daniella, bin ihr auch wirklich treu und telefoniere fast täglich mit ihr.«

Erste Liebe, erster Kuß: Die East-17-Jungs ganz intim ...

Mädchenschwarm hin oder – die ersten Erfahrungen in Liebesdingen sahen auch für die Publikumslieblinge von East 17 nicht anders aus als für die meisten ihrer Fans. BRAVO löcherte die vier Jungs, bis sie auch die letzten Details preisgaben. Hier die gesammelten Aussagen der verhörten Popstars...

Tony

»Meinen ersten Kuß bekam ich doch tatsächlich von einer Schulfreundin. Sie hieß Jane, und wir waren beide zwölf. Es passierte vor dem Rathaus in Walthamstow. Sie war ziemlich aufdringlich und steckte ihre Zunge in meinen Mund, das fand ich damals absolut eklig!« Der erste Sex? Tony: »Ich war ein Spätzünder und schon 17. Sie war älter als ich. Kurz danach ging ich mit Tracy aus. Ich war angenehm überrascht und bin es heute noch.«

Terry

»Ich war ein ganz Frühreifer! Mit neun Jahren verknallte ich mich in die Nachbarstocher Hayley. Wir standen so auf Liebesfilme, und das mit den Küssen haben wir immer hollywoodgerecht nachgemacht. Aber nur das Küssen, mehr haben wir nicht gemacht!«

Das Outfit der Band hat es den Fotografen besonders angetan.

John hat sich einen Drachen auf die linke Schulter tätowieren lassen.

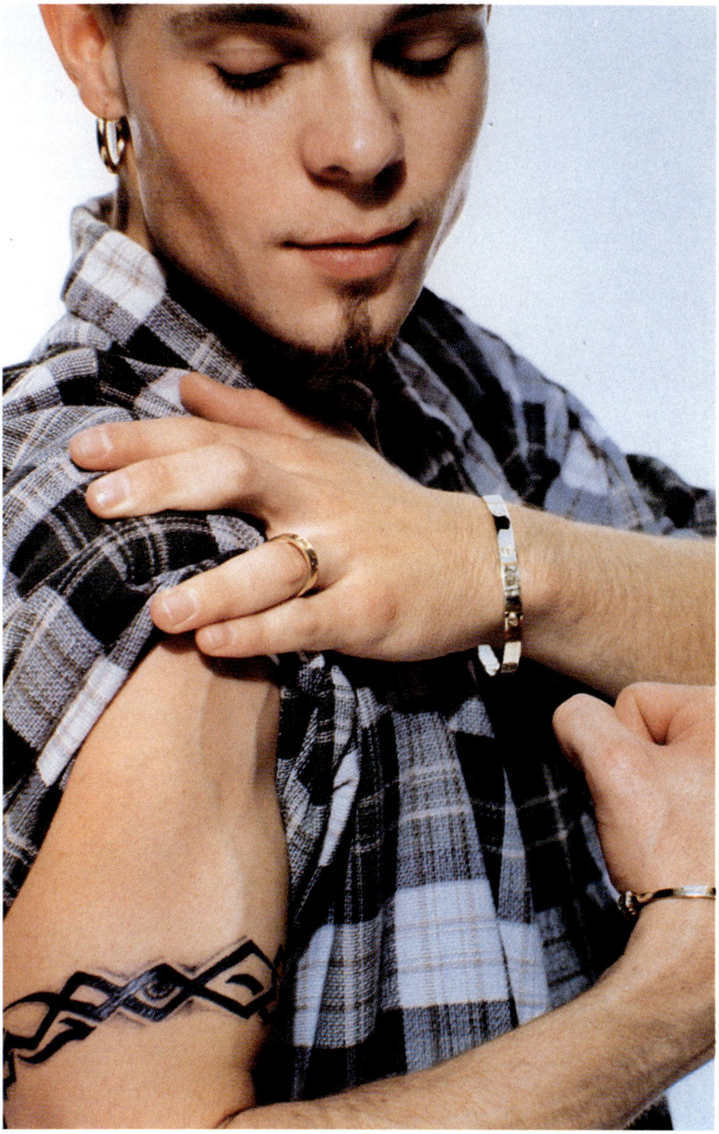

Brians rechten Oberarm ziert ein tätowiertes Stammeszeichen.

Terry steht auf originelle Ohrringe.

Zur Erinnerung an seinen toten Bruder trägt Tony dieses Tattoo.

Auch auf Einladung zahlreicher Radiostationen …

… stehen die vier Stars ihren Fans Rede und Antwort.

»Wir sehen uns – im nächsten Konzert ...«

Mehr machte er drei Jahre später – und bekam prompt Ärger: »Ich war zwölf, Bianca auch. Ihre Eltern haben es zufällig in ihrem Tagebuch gelesen, das sie dummerweise herumliegen ließ. Sie drohten mit der Polizei, danach habe ich sie nie wieder gesehen.«

Brian

»Mich wollte in der Schule niemand küssen«, witzelte er. »Meinen ersten Kuß habe ich gestern abend bekommen, ich verrate allerdings nicht, von wem.« Na ja, etwas früher hatte er seine »Unschuld« in Wirklichkeit schon verloren: »Ich war 15 und im Urlaub in Great Yarmouth. Ich weiß nicht mehr, wie sie hieß, aber es war toll. Sie war klein und hatte kleine Füße, wie alle Mädchen, auf die ich stehe.«

John

»Während einer Schulpause zog mich ein Mädchen in eine Ecke und preßte mir ohne Vorwarnung ihre Zunge in den Mund. Ich war total schockiert. Meine Entjungferung war sozusagen ein Geburtstagsgeschenk, es passierte an meinem 16. Geburtstag. Ich war der letzte in der Clique, der noch nie mit einem Mädchen geschlafen hatte. Ich weiß ihren Namen nicht mehr. Ich war sehr enttäuscht. Es war, als würden zwei kleine Kinder mit einem Technikbaukasten spielen. Wir versuchten da irgend etwas zusammenzustecken. Man sollte nicht so früh damit anfangen, man verpaßt nichts!«

Noch ein-, zweimal führten Brian und Daniella Journalisten mit Hochzeitsgerüchten an der Nase herum. Sogar Details zu den geplanten Flitterwochen – auf der gemeinsamen Lieblingsinsel St. Lucia in der Karibik – wurden bekanntgegeben. Auch von Kindern war die Rede: »Daniella ist bei mir eingezogen, und wir bleiben erst mal in meiner Wohnung. Aber später wollen wir doch ein Haus mit mehreren Kinderzimmern kaufen. Wir wollen in einigen Jahren nämlich Kinder haben.« Doch anstatt zu heiraten, trennten sich die beiden.

Die Partnerschaften von Brians drei Bandkollegen hielten den Belastungen durch die häufige Abwesenheit der Stars zwar stand – aber auch sie waren wohl längst nicht so krisenfest, wie es nach außen hin den Anschein hatte. John vertraute BRAVO im März '95 an: »Treu sind wir alle nicht, es gibt zu viele Versuchungen! Ich warte immer, bis die Girls den ersten Schritt machen. Je cooler man bleibt, desto heißer werden sie. Ich mußte mir nie ein Mädchen suchen – immer haben sie mich gefunden!« Terry hatte schon ein Jahr zuvor zugegeben: »Ich denke immer an Sex! Frauen, Partys und Sex ... nicht unbedingt in dieser Reihenfolge!« Und selbst in Tonys Partnerschaft schien es zwischendurch ernsthaft gekriselt zu haben, wie er im März 1994 verriet: »Tracy und ich sind seit sechs Jahren zusammen. Wir waren dabei uns zu trennen, als sie schwanger wurde. Ich habe ihr damals gesagt, daß ich nichts garantieren kann. Meine Musik geht vor. Ich liebe meine Tochter über alles. Aber heiraten werde ich wohl nie.«

Warum so überzeugt? Wohl, weil er der Meinung war, er könne sich letztendlich nicht recht durchsetzen gegen eine Ehefrau. Tony zu BRAVO im Februar 1995: »Im Umgang

Männer am Rande des Nervenzusammenbruchs? Terry, Brian, Tony und John werden nicht so richtig schlau aus »den Frauen«.

mit Frauen kann man mit Logik und Vernunft nichts erreichen, weil Frauen eben nicht vernünftig sind. Wenn ich's mir recht überlege: Eigentlich kann man sie überhaut nicht bändigen!«

Darüber machte sich Brian vermutlich keine Gedanken. Nach der Trennung von Daniella fand er schnell Trost. Erst wurde er häufig mit Lisa Anderson von der Popband Deuce gesehen. Und Brian schwärmte: »Lisa ist super. Ich bin echt froh, daß Deuce zur Zeit als unsere Vorgruppe auftritt, so kann ich Lisa täglich sehen.« Doch auch diese Affäre hielt nicht lange – und schließlich zog Brian mit der

Londonerin Natasha Carnegie zusammen. Kennengelernt hatten sich die beiden, als die rassige Britin East 17 als Bühnentänzerin auf deren »Letting Off Steam«-Tour begleitet hatte. Irgendwann muß Brian das Motto der Tournee wohl allzu wörtlich genommen haben …

Offiziell wurde die neue Liaison des East-17-Sängers erst im Oktober '95 bekannt, als er seine Natasha zu einer Party in London mitbrachte, zu der Madonna anläßlich ihres neuen Films »Evita« eingeladen hatte. Ob er mit Natasha nun auch auf Nachwuchs hoffe, wollte ein Reporter wissen. Das ging Brian dann doch etwas zu schnell, denn er wehrte ab: »Wenn ich mir Tony und John ansehe, möchte ich mit dem Nachwuchs doch lieber noch ein paar Jahre warten!«

Nachwuchs für East 17

Tony dagegen war ganz begeistert von seiner Vaterrolle – und er verbrachte soviel Zeit wie irgend möglich mit dem Nachwuchs. Nur auf die Deutschland-Tour im Frühjahr 1994 wollte er die kleine Atlanta noch nicht mitnehmen: »Normalerweise sind wir mal eine Woche oder maximal vier Wochen unterwegs, dann ist die Trennung von ihr gerade noch vertretbar. Wenn es allerdings länger dauert, nehme ich sie mit. Bei einer sechsmonatigen Tour durch die Staaten würde ich sie zum Beispiel mitnehmen. Ansonsten ist sie für so etwas noch zu jung.«

Und so war er immer wieder aufs Telefon angewiesen, wenn er den Kontakt zum Familienalltag nicht verlieren wollte. Und nicht selten stürmte er während einer Tournee unmittelbar nach Ankunft im Hotelzimmer an den Apparat und fragte seine Freundin nach dem Befinden des Töchterchens aus: »Vermißt ihr mich?« schnappte die

Brian: »Wenn ich mir Tony und John ansehe, möchte ich mit dem Nachwuchs doch lieber noch ein paar Jahre warten!«

BRAVO-Reporterin einmal für ihre Zeitschrift auf. »Hat sich Atlantas Durchfall gelegt? Schläft sie durch?«

Tony und Tracy (sie erwartete damals bereits ihr zweites Kind) sollten nicht die einzigen Erziehungsberechtigten bei East 17 bleiben: Im März 1995 wurde bekannt, daß die Freundinnen von John und Terry ebenfalls schwanger waren. Bei Johns Lebensgefährtin Christianne Uriarte sollte es im Sommer soweit sein, aber dann kam Töchterchen Justice doch erst Anfang September zur Welt. »John«, hatte BRAVO von diesem Ereignis in Erfahrung gebracht, »war

»Ich verbringe inzwischen viel Zeit mit meiner Familie«, sagt Tony, »und sehe dem kleinen George beim Wachsen zu.«

bei der Geburt dabei und hat persönlich die Nabelschnur durchtrennt.« Terrys Freundin Paola Toro rechnete für Oktober sogar mit Zwillingen – und für Tony und Tracy lag der Termin auch im Herbst. Ein Grund mehr für Tony, sich auf jede Heimkehr nach Großbritannien zu freuen. »Wenn wir ein paar freie Tage haben«, erzählt Tony mit leuchtenden Augen, »fahre ich sofort nach Hause. Ich verbringe inzwischen viel Zeit mit meiner Familie und sehe dem kleinen George, unserem zweiten Kind, beim Wachsen zu.«

1995 verriet Tony mit gespielter Verzweiflung: »Der Titel unserer CD ›Up All Night‹ bezieht sich auf die schlaflosen Nächte mit unseren Familien, die wir alle durchmachen, nicht auf unsere wilden Nächte! Ich bin ganz schön gestreßt, weil ich jetzt zwei Kinder habe, die mich nie schlafen lassen. Ich wechsle sogar die Windeln von unserer kleinen Ocean.« Und auch John wirkte geschafft: »Seit mein Töchterchen da ist, merke ich, wie anstrengend so ein Baby sein kann. Aber man wird dadurch entschädigt, daß man so ein Kleines wachsen und sich entwickeln sieht.«

Vor allem Tonys Freude an Kindern sprach sich bald auch unter den Fans herum. Und so schrieb Julia aus Berlin im August 1994 an die Leserbrief-Redaktion von BRAVO: »Da ich wußte, daß Tony selbst Vater einer Tochter ist, fuhr ich mit meinem Tagespflegekind Josephine ins ›Raddison Plaza‹, um ihn zu treffen. Als wir ihm in der Hotelhalle begegneten, war er gerade, nur mit einem Bademantel bekleidet, auf dem Weg zum Fitneßstudio. Er sah das Baby und rief ganz entzückt: ›Oh, a baby!‹ Dann nahm er die Kleine in den Arm, hob sie immer wieder in die Luft, und seine Augen strahlten dabei. Bei diesem rührenden Anblick wurde mir ganz warm ums Herz. Ich bin sicher, daß Tony ein ganz lieber Vater ist und seine 14 Monate alte Tochter Atlanta über alles liebt!«

Das anstrengende Leben als Popstar und seine Folgen

«Wir haben«, sagten die vier Jungs von East 17 einmal, nachdem sie die ersten Hits hatten feiern können, »schon eine Menge verrückter Jobs gemacht, um zu Geld zu kommen. Aber Popstar zu sein ist die verrückteste Art, sich seinen Unterhalt zu verdienen. Leider reicht das, was wir bis jetzt verdient haben, aber noch nicht mal für ein tolles Auto. Da müssen wir noch eine Menge tun.« Das war 1992/93 – und sie taten danach ja tatsächlich noch einiges dafür, sich unter anderem tolle Autos leisten zu können.

Bei jedem Interview und jeder Fotosession bewies East 17 eine erfrischende Unkompliziertheit, und selbst das dritte oder fünfte oder zehnte Pressegespräch an einem komplett verplanten Promotion-Tag schien ihnen immer noch einen Heidenspaß zu machen. »Wir mögen diese Zeitschriften, die man gern als ›Teenie-Presse‹ bezeichnet«, sagte Tony 1995. »Weißt du, die Bezeichnung ›Teenie-Presse‹ hat einen sehr negativen Beigeschmack. Natürlich tun die Leute dort auch manchmal Dinge, die ich total bescheuert finde. Aber sie haben eben auch schon viel Tolles gemacht, haben viele Projekte mit einem angenehmen, überraschenden Sinn für Humor angepackt. Und Sinn für Humor kann jeder gut gebrauchen!«

Schon zwei Jahre zuvor hatte Tony im Interview mit dem Magazin BRAVO – in Deutschland der führende Vertreter der »Teenie-Presse« – durch die rosarote Brille geschaut und die positiven Seiten seines Lebens als Popstar betont: »Ich könnte ohne die Band nicht mehr leben. 18 Monate habe ich nur auf dieses Ziel hingearbeitet – Songs geschrieben, geschuftet, und nun will ich's auch behalten. Ich will zur Spitze! Deshalb nehme ich den Streß auf mich, auch wenn mein Privatleben darunter leidet.«

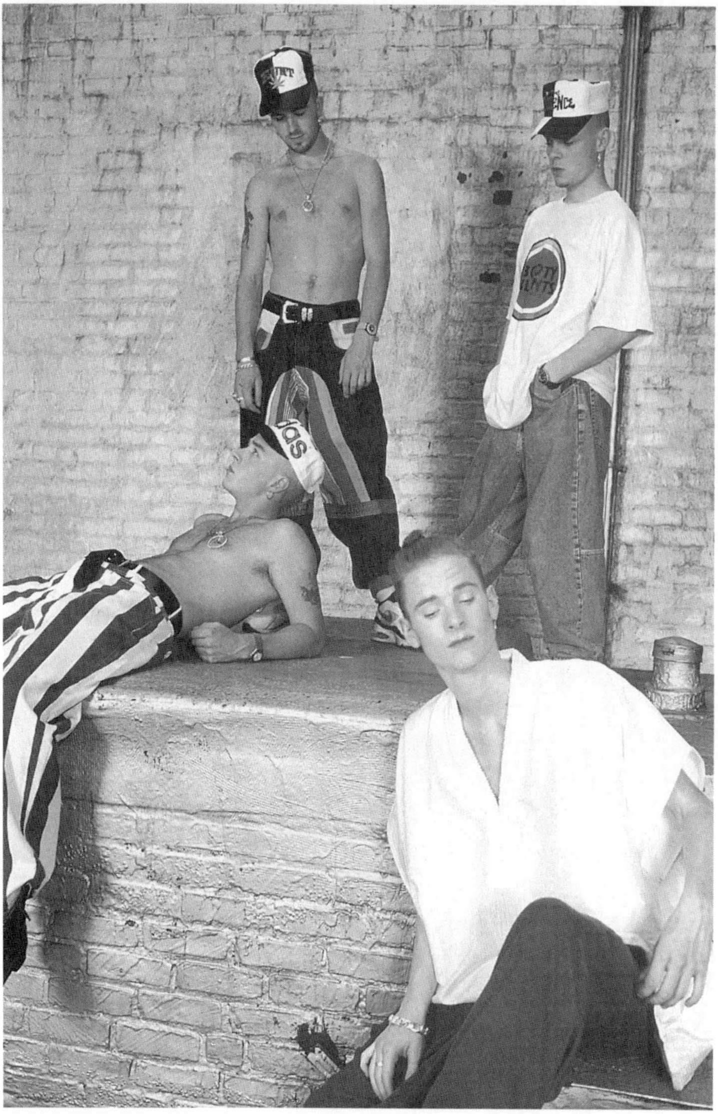

Ausgedehnte Tourneen, konzentrierte Studioarbeit und jede Menge Streß: die East-17-Jungs und die Kehrseite des Erfolgs.

Unter dem ständigen Erfolgsdruck zeigten die Musiker erste Anzeichen von Erschöpfung.

Doch mit der Zeit machten sich auch Verschleißerscheinungen am Nervenkostüm der Musiker bemerkbar. 1993 zum Beispiel warf ein Fan während eines Konzerts der vier Briten ein Päckchen auf die Bühne – eigentlich nichts Außergewöhnliches im allgemeinen Jubel der East-17-Zuschauer. Doch Tony wurde von dem mysteriösen Päckchen an der Brust getroffen und vermutete in einer ersten Schrecksekunde offenbar einen schlechten Scherz oder sogar einen Anschlag auf sein Leben. Er rastete total aus, stürmte wutschnaubend von der Bühne und schlug beim Hinausrennen mit voller Wucht die geballte Faust gegen eine Mauer aus Ziegelsteinen. Leider waren die Ziegel – nicht ganz überraschend – härter als Tonys Knöchel: Seine Hand schwoll an, und er mußte sofort zum Röntgen ins nächste Krankenhaus gebracht werden.

Etwas später hatten sich die Gemüter wieder beruhigt. »Es war sicher nichts Gefährliches«, vermutete ein Fan im Gespräch mit der Jugendzeitschrift HIT! und zerstreute alle Bedenken wegen eines etwaigen Anschlags auf Tony. »Wahrscheinlich nur ein kleines Paket mit einem Geschenk.« Und auch Tony gab Entwarnung: »Ich habe nochmal Glück gehabt – gebrochen war nichts. Aber es hat verdammt weh getan!« Na ja, Kunststück ... Und schließlich gab sich Tony sogar reumütig – und etwas ratlos: »Ich weiß auch nicht, warum ich so ausgerastet bin, daß ich mit voller Wucht gegen die Wand geboxt habe. Das ist normalerweise nicht meine Art. Es war wohl der Schock.« Die Fans glaubten ihm das gerne. Denn ein ganz anderes Gesicht zeigte er zum Beispiel seit Jahren in seinen Songtexten und den gefühlvollen Gedichten, die er nebenbei noch schrieb. Eines davon druckte die Münchner BRAVO am 12. November 1992 ab. Es lautet: »Schreien in die Stille, Träumen im Schmerz. Das Leben ist wie eine Blume, und Blumen brauchen Regen.«

East 17 im Streß: Auszüge aus dem Terminplan für 1994

Popstar – das klingt nach einem lockeren Leben, nach spät aufstehen und dann bis in die Nacht hinein hübschen Mädchen Autogramme und Küßchen geben. Natürlich tragen die vier Jungs von East 17 schon Sorge dafür, daß vor allem das Thema Mädchen auch an hektischen Tagen nicht zu kurz kommt. Aber ansonsten läßt der vollgepackte Terminplan Terry, Tony, John und Brian nicht viel Freiraum. Als Beispiel hier ein Auszug aus dem '94er Frühjahrs-Programm der vier Briten, wie es die Londoner Plattenfirma von East 17 Anfang 1994 in einem internen Papier an die ausländischen Partnerfirmen faxte:

Februar

Die Band wird während des ganzen Monats im Studio am neuen Album arbeiten und außerdem für die bevorstehende Tournee proben. Weitere Termine:

6. – Auftritt im irischen Fernsehen via Satellitenübertragung aus London
9. – Berlin, »Bravo Superdisco«
10. – Hamburg, Promotion
11. – Köln, Promotion
12. – Frankreich, Auftritt »Dance Machine«
13. – Rückkehr nach England
15. – Auftritt »Hollywood's« in London
18. – Abreise nach Paris
19. – Auftritt im französischen Fernsehen in Paris

März

Der erste Teil des Monats ist für die Arbeit am Album und Tour-Proben reserviert.

14. – Abreise nach Bangkok
15. bis 17. – Bangkok
18. – Sydney
19. – Brisbane
20. – Seagulls
23. – Wollongong
24. – Newcastle
25. – Melbourne
27. – Perth
28. – Abreise nach Japan

April

2. – Nagoya
3. – Yokohama
4. – Tokio
5. – Osaka
7. – Rückkehr nach Großbritannien
18. – Veröffentlichung »All Around The World«
27. – Start der Großbritannien-Tour

Mai

10. – Ende der Großbritannien-Tour
14. – Abreise
15. – Eindhoven
16. – Rotterdam
17. – Brüssel

Doch Tonys überraschender Wutanfall war leider nicht das einzige Indiz dafür, daß der Erfolgsdruck auf die früher so unbelastet wirkenden Popstars immer mehr zunahm. Auch zahlreiche Erkrankungen der vier Musiker belegen, daß der Streß der internationalen Karriere erste Spuren hinterlassen hat:

Herbst 1992. Brian Harvey wurde ins Krankenhaus eingeliefert. Kurz danach – am 28. Oktober – hieß es zur Erleichterung aller Fans in der Zeitschrift SMASH HITS: »Brian erholt sich gerade von einer kleinen Operation, in deren Verlauf ihm ein Knötchen am Kieferknochen entfernt wurde.« Wenige Tage später stand Brian wieder gemeinsam mit seinen drei Freunden auf der Bühne.

Spätsommer 1994. Ein geplanter Promotion-Trip nach Deutschland fiel ins Wasser, weil Brian sich eine schwere Virusinfektion eingefangen hatte. Die Krankheit verlief ziemlich dramatisch – Brian mußte in London sogar mit Blaulicht ins Krankenhaus gebracht werden! Angefangen hatte alles mit plötzlichem, hohem Fieber und Übelkeit. Wenig später mußte sich Brian so heftig übergeben, daß er sogar Blut spuckte. Zum Glück konnte ihm schnell geholfen werden, und er fiel wieder nur für einige Tage aus.

Januar 1995. East 17 mußte einen Auftritt beim renommierten Benefiz-Festival absagen, das von der britischen Hilfsorganisation Prince's Trust veranstaltet wurde. Schließlich platzten sogar die ursprünglichen Pläne für ihre sechswöchige Asien-Tournee, zu der sie Ende Januar hatten starten wollen. Was war passiert? Brians angegriffene Stimme war nach einem TV-Auftritt, den er kurz vor Weihnachten 1994 nur krächzend hatte absolvieren können, schließlich ganz weggeblieben. Brian damals: »Das

Brian Harvey fiel in den vergangenen Jahren gleich mehrmals wegen Krankheit aus.

Risiko war groß, daß ich die Stimme verliere. Der Arzt hat Knoten auf meinen Stimmbändern entdeckt.« Tony, Terry und John machten sich ernsthaft Sorgen: »Wenn Brian wirklich seine Stimme verliert, wissen wir nicht, wie es mit East 17 weitergeht ...« Vier Wochen später schilderte Brian der Zeitschrift BRAVO die Geschichte noch einmal ausführlicher: »Ich hatte eine schreckliche Erkältung. Bei einem Auftritt im englischen Fernsehen wollte ich ›Stay Another Day‹ unbedingt live singen, obwohl ich Halsschmerzen hatte. Ich brachte nur noch ein Krächzen heraus, und ein paar Tage später war meine Stimme ganz weg. Ich habe mich in London von einem Spezialisten gründlich untersuchen lassen. Meine Stimmbänder waren überreizt und entzündet, Folge einer schweren, nicht auskurierten Erkältung. Der Arzt sagte, ich müsse meine Stimme in den nächsten Wochen total schonen. Er verordnete mir Knoblauchpillen, Aspirin, Vitamin C – und viel Schlaf. Ich versuche jetzt, täglich acht Stunden durchzuschlafen.« Außerdem verschrieb der Arzt Brian eine Radikalkur: striktes Rauchverbot.

Februar/März 1995. Kurz bevor die bereits verschobene '95er Tournee von East 17 endlich doch beginnen konnte, lag Tony wegen einer Lungenentzündung für kurze Zeit flach. »Ich muß mich immer noch schonen«, erzählte er im Juni. »Die Ärzte haben mir totales Rauchverbot verordnet, viel Schlaf und jede Menge Vitaminpillen.« Kaum war Tony wieder auf den Beinen, fiel erneut Brian aus. Die niederschmetternde Diagnose: Mandelentzündung.

Frühjahr 1995. Als die Band mit einem der begehrten »Brit Awards« der britischen Musikindustrie ausgezeichnet werden sollte und für die TV-Aufzeichnung der Preisverleihungsgala probte, kam Tony nach einem besonders waghalsigen Sprung vom Bühnengerüst so unglücklich auf, daß er sich den rechten Fußknöchel brach. Immerhin bewies er echte Nehmerqualitäten: Während der Gala kam er kurzerhand im Rollstuhl auf die Bühne.

Mai 1995. Tony wurde ins Krankenhaus eingeliefert, nachdem er sich eine schwere Lungenentzündung geholt hatte. Daraufhin erteilten ihm die behandelnden Ärzte Tournee- und absolutes Rauchverbot – und Tonys Freunde mußten ohne den Sänger nach Prag, wo East 17 für das »Mega-Dance-Festival« fest gebucht war. Offenbar konnte Terry seinen kranken Kollegen nicht ganz ersetzen, denn von den tschechischen Fans gab's reichlich Pfiffe und Buhrufe für den Auftritt!

Gute Vorsätze – und was aus ihnen wurde

Allmählich merkten East 17, wieviel Kondition nötig ist, um beispielsweise eine Tournee mit täglichen schweißtreibenden Live-Shows unbeschadet zu überstehen. Tony, so schien es, zog daraus 1994 als erster Konsequenzen: Er erzählte, er habe das Rauchen aufgegeben und plage sich in einem Fitneßstudio, um seine Muskeln ein bißchen auf Vordermann zu bringen. Zum Frühstück esse er am liebsten Müsli. »Ich lebe sehr gesund«, meinte er damals, »weil ich von uns allen für Krankheiten am anfälligsten bin.« Aber Tony erwies sich nicht einmal in Interviews als so verbissen, daß er nun auch gleich den Rest seiner Ernährung gründlich umgestellt hätte. »Ja, ich bin Vegetarier«, sagte er dem britischen Magazin SMASH HITS und fügte gleich darauf grinsend hinzu: »Aber ich esse auch weißes Fleisch« – also praktisch alles außer Rindfleisch.

Ob er sich jemals tatsächlich ernsthaft hatte bessern wollen oder nicht – zumindest mit dem Rauchen fing er schon bald wieder an. Und die anderen drei Boys von East 17 machten sich über die Ratschläge, die ihnen erteilt wurden, eher lustig, als daß sie sie befolgt hätten. »Zugegeben«, sagten sie einmal betont lässig, »wir sind starke Raucher. Ohne zwei Päckchen Zigaretten geht keiner von uns aus dem Haus. Was haben wir nicht schon versucht, um es uns abzugewöhnen, aber einer hat immer wieder angefangen, und schon qualmte die ganze Band wieder.«

Brian: »Ich hätte nie gedacht, daß man als Star so viel schuften muß. Ich habe kaum noch Zeit für mich und meine Freunde.«

Brian winkte BRAVO gegenüber ab: »Sport …! Nun, ich spiele ab und zu Basketball, ein bißchen Fußball, und ich liebe Billard. Mit meiner Gesundheit gehe ich etwas schludrig um: Ich rauche ziemlich viel, könnte für Hamburger und Pommes frites sterben und bin ein Fleischfresser, wie er im Buche steht.« Und 1994 gab er sogar zu Protokoll: »Es ist ein Gerücht, daß wir jeden Tag stundenlang im Fitneßraum sind. Unsere Shows halten uns fit genug.« Immerhin spürte er den Streß, den die Bandmitglieder wegen ihrer steilen Karriere hatten, inzwischen auch: »Ich habe kaum noch Zeit für mich und meine Freunde«, stöhnte er. »Ich hätte nie gedacht, daß man als Star so viel schuften muß.«

Mit der Zeit verging East 17 aber das Lachen über solche Scherze – kein Wunder, angesichts der geschilderten »Krankengeschichte« der vier Walthamstower … Nach und nach schienen sich die Jungs ihre gesundheitlichen Probleme doch endlich zu Herzen zu nehmen: »Ich trinke täglich verschiedene Kräutertees«, berichtete Tony der Zeitschrift BRAVO, »um meine Stimmbänder in Form zu halten. Außerdem inhaliere ich vor dem Auftritt Olbas-Öl, um die Lungen zu stärken.« John verriet, daß Tony und den anderen die gesündere Lebensweise nicht immer leicht fällt: »Vor allem Tony mußten wir regelrecht zum Hanteltraining überreden. Während der Vorbereitungen auf die nächste Tournee herrscht bei uns Alkoholverbot. Tony und Brian haben sich vorgenommen, das Rauchen aufzugeben.«

Brian verriet BRAVO im Juni 1995: »Auf unserer '95er Tour haben wir besonders attraktive Tänzerinnen dabei. Aber privat läuft da überhaupt nichts. Inzwischen sind wir richtig brav geworden, gehen früh ins Bett … allein!« Und Terry konnte nur noch resigniert mit den Schultern zucken: »Tja, die Zeit der wilden Partys ist vorbei.«

»Solange wir daran glauben ...«: East 17 und die Zukunft

Angst vor der Zukunft muß East 17 nicht haben – auch unter neuem (eigentlich nur etwas gekürzten Namen) liegen ihnen die Fans in aller Welt zu Füßen: »Wir nennen uns jetzt nur noch E 17«, hatte Tony in der BRAVO-Ausgabe vom 16. November '95 erklärt. »Es ist eigentlich nur eine Korrektur unseres Gruppennamens. E 17 ist die Postleitzahl des Bezirks Walthamstow in London. Die Engländer sprechen dieses Kürzel aber immer ›East 17‹ aus. Wir haben uns damals East 17 genannt, weil E 17 für Nichtengländer einfach nichts aussagt. Jetzt stellen wir alles wieder richtig.« Und Brian merkte an: »Wir wollen mit dem altenglischen Schriftzug des E's stärker unsere Londoner Wurzeln, unsere Identität betonen.«

Die Band ist gefragt wie eh und je, und die vier Musiker sind vier Jahre nach ihrer ersten Hit-Single »House Of Love« aus den Pop-Gazetten nicht mehr wegzudenken. »Angst«, hatte Brian schon 1993 in einem Interview gesagt, »habe ich nur davor, in kreativer Hinsicht auszutrocknen. Aber ich weiß, daß wir keine Eintagsfliegen sind. Wir werden oben bleiben.« Die Verkaufszahlen gaben ihm recht. Doch trotz aller Erfolge hat Brian noch immer Träume. Zwei von ihnen haben mit schönen Frauen zu tun: »Ich möchte gern einen Film oder ein Video mit Jamie Lee Curtis oder Michelle Pfeiffer drehen«, verriet er 1994. Auch Tony scheint die Filmbranche zu reizen: »Ich würde gern schauspielern«, erzählte er BRAVO im Februar 1995, »oder selbst ein Drehbuch oder einen Filmsoundtrack schreiben, aber bisher habe ich noch keine Angebote bekommen. Leider! Ich glaube, ich wäre ein echt cooler Typ – wie Jean-Claude Van Damme. Der einzige Streifen, den ich bisher gedreht habe, ist der Videokurzfilm ›Der Ratten-

Filmschauspieler werden, Drehbuch schreiben, mehr neue Songs aufnehmen – Brian, John, Tony und Terry schmieden eifrig Pläne.

fänger von Hameln‹, bei dem ich Kameramann und Regisseur in einem war. Ich habe den Film einem englischen TV-Sender angeboten, und man hat mir gesagt, daß er Ende '95 im Fernsehen ausgestrahlt werden soll.«

Finanzielle Sorgen – die für die Jungs aus dem Arbeiterviertel Walthamstow am Anfang ihrer steilen Karriere noch alltäglich waren – gehören inzwischen längst der Vergangenheit an. Aber zum Fenster werfen die vier Briten ihr Geld trotzdem nicht hinaus. Brian: »Es gibt ein Konto, auf das unsere Einnahmen fließen. Jeder bekommt so eine Art Gehalt, kann aber auch mehr abheben, wenn er was braucht. Wir sind sehr sparsam und legen die Gewinne lieber an.«

Musik macht East 17 natürlich auch noch. »Ich freue mich schon jetzt auf die Arbeit am nächsten Album«, schwärmt Tony. »Ich komponiere ohnehin jeden Tag neue Songs, das macht mir unheimlich Spaß. Bisher haben wir jedes Jahr ein Album herausgebracht – meinetwegen könnten wir das ruhig etwas schneller machen. Sechs Monate reichen, finde ich. Ein Song, den ich heute schreibe, ist ja morgen vielleicht nicht mehr gerade mein Lieblingsstück. Also sollte man eigentlich versuchen, Lieder möglichst bald zu veröffentlichen, nachdem sie entstanden sind.«

Vor einem neuen Album standen aber zunächst noch einige Auftritte im Terminkalender – zum Beispiel die Konzerte der nächsten Welttournee, die im Frühjahr 1996 gestartet werden sollte. Dann eine neue Scheibe und wieder eine Tournee, dann wieder eine Platte ... Wie lange kann East 17 auf diese Weise noch erfolgreich sein? Tony: »Das hängt ganz davon ab, wie sehr wir an das glauben, was wir tun. Und davon, ob wir mit dem, was wir tun, eine Botschaft vermitteln können.«

Welche Botschaft will er denn vermitteln? Eine ganz einfache, wie Tony versichert: »Diese Botschaft kann nur aus den Fragen bestehen, die wir uns selbst ständig stellen: Mache ich andere Leute glücklich mit dem, was ich tue? Bin ich selbst glücklich? Und wenn nicht: Woran liegt's?«

Tony ist voller Tatendrang. »Meinetwegen«, sagt er, »können wir ruhig mehr als ein Album pro Jahr veröffentlichen.«

East 17 auf CD

1993: »Walthamstow«

House Of Love / Deep / Gold / Love Is More Than A Feeling / I Disagree / Gotta Do Something / Slow It Down / I Want It / It's Alright / Feel What U Can't C / Gold – Paws On The Floor / Deep – Dark Mix / Slow It Down – Liverpool Mix.

1994: »Steam«

Steam / Hold My Body Tight / Let It All Go / Set Me Free / Stay Another Day / Around The World / Let It Rain / Be There / M. F. Power / Generation XTC.

1995: »Up All Night«

Innocent Erotic / Thunder / I Remember / Do U Still / Gotta Keep On / Ghetto / Looking For / Best Days / Don't You Feel So Good / Free Your Mind / Right Here With You / Someone To Love / It's All Over.

EAST 17
NO PLACE LIKE HOME
FOOTAGE FROM THE LETTING OFF STEAM TOUR '95
PLUS BONUS TRACK - PROMO VIDEO OF 'THUNDER'
East 17
STEAM
EAST 17 UP ALL NIGHT
E·17
THUNDER
EAST17
HOUSE OF LOVE

Plattenkritiken

... zur Single »House Of Love«

POPCORN: »Mit ihrem Erstling ›House Of Love‹, einem Pop-Song, der sowohl Rap- als auch Techno-Anleihen zu einer explosiven Mischung vereint, legen die Jungs los, daß sich die Balken biegen! Wertung: voll tierisch!«

... zur Single »Gold«

SMASH HITS (Großbritannien): »›House Of Love‹ war ein tolles Debüt – frischer Wind für die Charts. Aber wie sollten sie nun eine ähnlich gute Single zustande bringen? Sie haben es nicht geschafft: ›Gold‹ ist sehr gut – aber nicht so gut wie die erste Single.«

... zur Single »West End Girls«

BRAVO: »Mit ›West End Girls‹ kam 1985 die Pet-Shop-Boys-Karriere ins Rollen. East 17 ließen sich vier neue Versionen zu der Supernummer einfallen. Wertung: starke Scheibe.«

... zur Single »It's Alright«

BRAVO: »Der Song fängt sehr sanft und sentimental an und legt dann an Tempo ordentlich zu. Der fünf Minuten und 16 Sekunden dauernde ›Ballad Mix‹ kommt ziemlich soft rüber. Wertung: starke Scheibe.«

... zur Single »Around The World«

BRAVO: »Pünktlich zum Tourstart am 26. Mai schicken East 17 die melodiöse Midtempo-Nummer ›Around The

World‹ ins Rennen. Ein sanfter Song mit einer Rap-Einlage im Zeitlupentempo. Ein toller Vorgeschmack auf das neue Album! Wertung: starke Scheibe.«

... zur Single »Steam«

Bravo: »Ein scharfer, mit Soul gepfefferter Song. Sowohl die Gesangspassagen als auch die kurzen, aber energischen Raps treffen ins Schwarze. Im Mittelteil röhren satte Funk-Gitarren. Wertung: einsame Spitze!«

... zur Single »Let It Rain«

Bravo: »Nach den sanften Tönen ihrer letzten Single ›Stay Another Day‹ geben East 17 auf ›Let It Rain‹ wieder Vollgas. Den Song treibt explosiver HipHop/Dance-Beat an. Der knallige Refrain macht süchtig. Wertung: einsame Spitze!«

... zur CD »Walthamstow«

Popcorn: »Ein frischer Wind am Pop-Himmel, und das nicht nur wegen ihrer Monster-Single ›House Of Love‹. Auf ihrer Debüt-LP experimentieren sie leicht und treffsicher mit allen Nuancen des Dance- und Pop-Bereichs, fühlen sich dabei im Love-Rap ebenso wohl wie im Club-Dance, bei Rave und HipHop. Wenn man die Jungs in Ruhe weiterarbeiten läßt, werden sie ein Dauerbrenner!«

Max: »East 17 sind Englands aufmüpfiger Teenie-Widerpart zur amerikanischen Popper-Riege New Kids On The Block. Zwar antworten sie in Interviews treudoof (›Mam und Dad sind unsere besten Freunde‹), doch musikalisch setzt das Quartett mit Hund neue Maßstäbe für Musik aus der ›U-18-Liga‹.«

Pop/Rocky: »Zehn Hammer-Songs der Superklasse! Ihren ersten Hit ›House Of Love‹ nahmen die Jungs sogar noch in der Garage auf! Highlight: ›Gold‹. Wertung: ein Hammer!«

Elbe-Wochenblatt: »Das Debüt der vier jungen Londoner, benannt nach dem Postbezirk, in dem sie wohnen, ist ein absolutes Dance-Album, vollgepackt mit HipHop-Rhythmen und Raps. Nach ihrem Top-Ten-Hit ›House Of Love‹ ist jetzt ›Deep‹ auf dem Weg nach oben.«

Prinz: »Mit ›House Of Love‹ gelang dem Londoner Dancepop-Quartett bereits ein erster Charts-Erfolg. Auf dem erstaunlich abwechslungsreichen Album liegt die Qualität noch höher.«

Bravo, Leserkritik: »Da der East-17-Hund Levi die ›Walthamstow‹-CD seiner Herrchen mit einem ›Wau‹ einleitet, kann ich nur eins dazu sagen: Wow! Songwriter Anthony ist ein Meister seines Fachs. Die Scheibe bietet über eine Stunde volles Tanzvergnügen!« (von Robert Crimmann aus Leipzig)

... zur CD »Steam«

Bravo: »Getreu dem Titel ihres zweiten Albums ›Steam‹ machen Tony, Brian, John und Terry von East 17 ihren Fans ordentlich Dampf. Was bei ›Walthamstow‹ noch gebügelt poppig klang, haben die Boys jetzt ordentlich durch den Quirl gejagt. Bei ›Let It All Go‹ haben sie tief in die Techno-Kiste gegriffen und den Song mit Beats unterlegt, die den Herzrhythmus auf Hochtouren bringen. Zur Erholung gibt es dann ihren letzten Hit ›Around The World‹ und die Super-Liebesballade ›Stay Another Day‹, die fast weihnachtlich klingt. Ein würdiger Nachfolger ihres Debüt-Werks ›Walthamstow‹. Wertung: CD der Woche.«

Musikwoche: »In dem Song ›Steam‹, geschrieben von Frontmann und Sänger Tony Mortimer, verschmilzt East 17 druckvoll fröhliche Pop-Melodien mit der Kraft urbaner HipHop-Beats sowie mit gesampelten Gitarrenriffs und pendelt sich stilistisch souverän zwischen Kool & The Gang und Ace Of Base ein – eine zündende Mischung, denn der Titel steht bereits eine Woche nach Veröffentlichung in den Top Ten der englischen Singles-Charts. Mit ›Steam‹ (gemeint ist diesmal das Album – Anm. d. Autorin) wird East 17 in Deutschland der endgültige Durchbruch gelingen.«

... zur CD »Up All Night«

New Musical Express (Großbritannien): »East 17 sind die beste britische Popband der 90er Jahre. ›Up All Night‹ ist wirklich eine fantastische Platte. Kein Song schmiegt sich nahtlos an den nächsten, sondern das Album springt von Jungle über Rap zu Soul – wie ein Sampler aus Stücken von vier verschiedenen Musikern. Und anders als auf jenen CDs, die genau zwischen potentiellen Hits und Lückenbüßer-Songs unterscheiden, wurde hier auch bei den Stücken auf die Feinheiten geachtet, die niemals eine Chance haben, als Single ausgekoppelt zu werden. Wertung: acht von zehn möglichen Punkten.«

East 17 auf Video

»Pie & Mash«
(Polygram Video, ca. 50 Minuten)

»Pastete und Brei« – der Titel dieses Videos paßt natürlich auf die als ziemlich verfressen geltenden Jungs von East 17 wie die Faust aufs Auge. Erschienen im November 1993, präsentiert die Kassette die Clips zu allen bis dahin veröffentlichten Hits der Londoner Band – plus interessante Interview-Auszüge und filmische Blicke hinter die Kulissen der erfolgreichen Band.

House Of Love / Gold / Love Is More Than A Feeling / Deep / Feel What You Can't See / Slow It Down / West End Girls (Curnow Mix) / West End Girls / I Want It / It's Alright.

»No Place Like Home«
(Polygram Video, ca. 90 Minuten)

Außer dem Video-Clip zur Single »Thunder« (kurz vor dieser im Winter 1995 veröffentlichten Videokassette erschienen) können sich Fans des Pop-Quartetts hier Mitschnitte der ausgedehnten Sommer-Tournee 1995 ansehen – und Szenen des East-17-Auftritts im Londoner Wembley-Stadion am 28. Mai 1995. Das ermöglicht für Songs wie »Deep« oder »Around The World« interessante Vergleiche zwischen zwei Live-Varianten desselben Stücks.

Overture Medley (Let It Rain / Stay Another Day / House Of Love) / Let It Rain / Set Me Free / Deep / Love Is More Than A Feeling / M. F. Power / Ghetto / Slow It Down / Let It All Go / Someone To Love / Hold My Body Tight / Be

There / Steam / Around The World / House Of Love / Stay Another Day / Deep / Let It Rain / It's Alright / Hold My Body Tight / Around The World / Thunder.

»Letting Off Steam – The ›Around The World‹ Tour«
(Polygram Video, ca. 60 Minuten)

Dampf hat East 17 während der Welttournee 1994 tatsächlich abgelassen! Wer Tony, Terry, John und Brian nicht im Konzert erleben konnte, kann hier ein bißchen Live-Atmosphäre schnuppern. In gut eingefangenen Bildern vermittelt diese Mitte Oktober 1994 veröffentlichte Videokassette viel von dem, was die Live-Shows von East 17 für ihre Fans zu einem besonderen Ereignis macht.

House Of Love / Feel What You Can't See / West End Girls / Set Me Free / Slow It Down / If I Ever / I Want It / Around The World / Gold / Gotta Do Something / Love Is More Than A Feeling / Steam / Deep / It's Alright.

Videokritiken

... zum Video »Letting Off Steam«

Bravo: »Wer die East-17-Tour im Frühjahr verpaßt hat, für den ist dieses Live-Video ein Muß. Der Vorteil: freie Sicht auf die heiße Tanz- und Bühnenshow der vier Walthamstower vom heimischen Sessel aus.«

Cinema: »In Feuer und Rauch gehüllt, betreten sie die Bühne, die Kiddies kreischen, und die Show geht los: Das Live-Video ›Letting Off Steam‹ der Teenie-Band East 17 zeigt die Jungs von ihren schönsten Seiten.«